組織間信頼の
形成と維持

川﨑千晶

Kawasaki Chiaki

【著】

同文舘出版

はしがき

　本書は，組織間において信頼関係がどのように形成され，維持されるのか，すなわち，組織間信頼の形成・維持のメカニズムについて考察するものである。

　本書のもととなっているのは，2015 年 10 月に早稲田大学大学院商学研究科に提出した博士学位申請論文である。本書を完成させるまでには，多くの先生方にご指導をいただいてきた。とりわけ，大学院における 2 人の恩師，すなわち，修士課程入学後に本書のテーマである「信頼」との出会いを作ってくださった小林俊治先生（早稲田大学名誉教授）と，博士後期課程に入学して以来ご指導いただいている大月博司先生（早稲田大学商学学術院教授）には，心より御礼申し上げたい。

　私が修士課程に入学し，小林先生のゼミで最初に輪読した本が，ニクラス・ルーマンの信頼についての著作（Luhmann, 1973）であった。当時，あまりの難解さに，毎週何度読み込んでいっても分からないことばかりで，大いに落ち込んだが，それでも，信頼というものについて研究が行われていることに驚き，関心を持った。おそらく，この時期にこの本に出会わず，ゼミで議論する機会がなければ，信頼をテーマとして研究することはなかったであろう。

　博士後期課程に入学してからは，大月先生に，研究についての考え方や姿勢，研究方法などの根本的なところから，研究内容に至るまで，実に多くの教えをいただいてきた。組織間信頼という，日本の経営学で取り上げられることは従来あまり多くはなかったテーマの研究を続けてこられたのは，狭い視野に囚われないようにと温かくご指導くださった先生のおかげであり，その御恩は言葉でいい尽くすことはできない。

　本書の刊行は，同文舘出版にお引き受けいただいた。出版事情の厳しい

i

折，機会を与えてくださった中島治久社長，細やかな配慮をしてくださった大関温子氏に感謝申し上げたい。また，本書は，本来，2016年度中に刊行の予定であったが，私の個人的事情によって，それが大変遅くなってしまった。関係する皆様にお詫び申し上げる。

　最後に，研究を続けることを応援してくれた亡き父，そして，家族，とくに，本書完成まで時に厳しく，温かく見守り支えてくれた夫に，感謝したい。

2019年3月

川﨑　千晶

目　次

序　章

第**1**節　問題意識と研究目的 ………………………………………………… 2

第**2**節　研究方法 ……………………………………………………………… 4

第**3**節　本書の構成 …………………………………………………………… 5

第**1**章
先行研究の検討

第**1**節　信頼研究の概観 ……………………………………………………… 10

　1. 信頼研究の波及　10

　　（1）社会学的アプローチ　10

　　　1）心理学の分野における議論と社会学の分野における議論　10

　　　2）社会関係資本論　11

　　（2）経済学的アプローチ　12

　　　1）合理的選択理論　12

　　　2）取引コスト・アプローチ　14

　　　3）経済学的アプローチの限界　14

　2. 経営学における組織間信頼の研究──問題の所在　15

iii

3. 組織間信頼の研究視点　18

4. 組織間信頼の形成・維持のメカニズムと研究のアプローチ　20

（1）メカニズムの捉え方　20

（2）組織間関係論のアプローチ　21

1）資源依存パースペクティブ　22

2）協同戦略パースペクティブ　23

第**2**節　信頼の捉え方 ……………………………………………………………… 25

1. 信頼一般に関する議論　25

2. 組織間信頼に関する議論　27

3. 組織間信頼の形態　29

（1）打算型信頼　30

（2）知識型信頼　33

（3）一体型信頼　33

（4）3つの組織間信頼の形態の関係　34

第**2**章

組織間信頼の形成・維持の基礎的メカニズム

第**1**節　組織間信頼の形成段階 ………………………………………………… 38

1. 組織間信頼の形成の基礎的メカニズム　38

2. 組織間信頼の逆機能──組織論の観点から　42

第**2**節　組織間信頼の維持段階 ………………………………………………… 43

第**3**節　移行プロセス・モデル ………………………………………………… 46

第**4**節 基礎的メカニズムの限界 ································ 48

第**3**章

経済的合理性のみでは
説明のつかない組織間信頼

第**1**節 縁故に基づく信頼 ································ 52

1. 経済的合理性のみでは説明のつかない組織間信頼　52

2. 縁故に基づく信頼　53

第**2**節 組織間信頼と社会的アイデンティティ ························ 56

1. 社会的アイデンティティの捉え方　56

2. 組織間信頼と社会的アイデンティティ　58

第**4**章

組織間信頼の形成要因

第**1**節 個人間信頼 ····································· 62

1. 組織間信頼の形成における個人間信頼の役割　62

2. 境界連結者の捉え方　64

3. 組織間信頼の形成における境界連結者の役割　67

第**2**節 制度 ··· 68

1. 組織間信頼の形成と制度についての議論　68

2. 新制度派組織論における制度の捉え方　71

（1）1990 年代までの新制度派組織論　72

（2）1990 年代までの新制度派組織論と組織間信頼　73

（3）2000 年代以降の新制度派組織論　75

　2. 制度と規範　77

第3節　規範 ……………………………………………………………………… 79

　1. 組織間信頼の形成と規範についての議論　79

　2. 組織間信頼の形成における規範の役割　80

第5章

組織間信頼の維持要因

第1節　知識 ……………………………………………………………………… 85

　1. 知識型信頼再考　85

　2. 組織間信頼と知識共有　87

　（1）知識の捉え方　87

　（2）知識共有　88

　（3）組織間コミュニケーション　90

第2節　アイデンティティ ……………………………………………………… 92

　1. 組織間信頼とアイデンティフィケーション　92

　2. 再カテゴリー化による組織間アイデンティティの創出　95

目　次

第 6 章

組織間信頼の事例研究
——産業集積の共同受注グループにおける
組織間信頼の形成・維持——

第1節　産業集積 ……………………………………………………… 98
　1. 産業集積の捉え方　98
　2. 産業集積の形成要因　100
　3. 産業集積における共同受注グループの発足　102
　4. 産業集積における信頼　104

第2節　新潟県燕地域における磨き屋シンジケートの事例 …………… 105
　1. 産業集積の概要　105
　2. 競争と協調の共存　108
　3. 磨き屋シンジケート　109
　　（1）設立経緯と概要　109
　　（2）共同受注の仕組みと内容　111
　　（3）共同受注におけるマニュアル　111
　　（4）創業期, 成長期, 成熟期　113
　　　1）創業期（発足前, および, 2003 年から 2004 年まで）　113
　　　2）成長期（2005 年から 2009 年まで）　114
　　　3）成熟期（2010 年以降）　115

第3節　京都府南部における京都試作ネットの事例 …………………… 117
　1. 産業集積の概要　117
　2. 京都試作ネット　119
　　（1）設立経緯と概要　119
　　（2）設立母体（機青連）との関係　121
　　（3）入会資格　122

vii

（4）共同受注の仕組みと内容　122

（5）特徴　123

（6）創業期，成長期，成熟期　125

1）創業期（発足前，および，2001 年から 2005 年まで）　125

2）成長期（2006 年から 2010 年まで）　125

3）成熟期（2011 年以降）　126

第 7 章

組織間信頼の形成・維持のメカニズム

第 1 節　事例分析 ……………………………………………………………… 130

1. 事例の比較　130

（1）主な特徴　130

（2）リンケージ企業の存在　131

2. 組織間信頼の形成・維持の要因　132

（1）個人間信頼　132

1）縁故的要因

――社会的アイデンティティ，共通の価値観，

コミュニケーション頻度の高さ　133

2）知識　136

（a）評判・情報

（b）知識共有――共通経験による目的・理念の共有

（2）個人間信頼から組織間信頼への転換　137

1）制度・規範　137

2）知識　139

（a）評判・情報

（b）知識共有

3）アイデンティティ――社会的アイデンティティ　141

viii

目　次

（3）組織間信頼の維持　142

　　1）アイデンティティ

　　　　──アイデンティフィケーション（価値の共同創出）　142

　　2）知識──組織間コミュニケーション　143

第2節　結論──組織間信頼の形成・維持メカニズムの提示──　‥144

終　章

第1節　本書の貢献 ……………………………………………………… 150

第2節　本書の限界，今後の課題 ……………………………………… 151

既発表論文　153

参 考 文 献　155

索　　　引　171

ix

序　章

本書は，組織間において信頼関係がどのように形成され，維持されるのか，すなわち，組織間信頼の形成・維持のメカニズムについて考察するものである。

　本章では，問題意識と研究目的，研究方法を示すとともに，本書の構成について説明する。

第1節

問題意識と研究目的

　経営学において，組織間信頼は，1990年代以降，注目されるようになった。*Academy of Management Review*（1998, Vol.23, No.3），*Organization Studies*（2001, Vol.22, No.2），*Organization Science*（2003, Vol.14, No.1）で信頼に関する特集が組まれたことからも，この時期に信頼がクローズ・アップされるようになったことが分かる。

　McEvily et al.（2003）は，上記 *Organization Science* の特集のイントロダクションにおいて，他の組織との協調関係を競争優位の魅力的な源泉とするという競争力学が出現したことと，インターネットの普及といった技術的変化によって距離や時間を超えた取引や調整が可能となったことが，信頼への関心を引き起こしたのではないかとしている。そして，日本でも，グローバル化にともなって国内外でのM&Aや企業間の協力関係が多くみられるようになり，これらを円滑なものとするために信頼が重要であるという主張がなされるようになった（e.g. 真鍋, 2002; 若林, 2006）。

　しかし，信頼の研究は，従来，様々な学問分野において行われてきたため，信頼の捉え方の点でもアプローチの点でも，様々なものがある。本書で扱う組織間信頼については，より限定された分野で論じられてきたとされるが（Zaheer & Harris, 2005），それでも，やはり，その捉え方やアプローチは多

様であるといえよう。

初期の研究では，組織間信頼は，取引コスト・アプローチに代表される経済学的アプローチから，取引をコントロールする最も効率的なメカニズムと捉えられた。そこでは，取引コストの削減や機会主義的行動の抑制，不確実性の低減など，組織間信頼が果たす機能や効果に焦点が当てられ，組織論の観点から検討されることが少ないという問題があった。しかし，最近になって，組織論の知見を踏まえた組織間信頼の研究も出てきている。

以上のように，組織間信頼の研究の理論的蓄積は増えてきているが，組織間信頼がどのように形成されるのかについては，従来，あまり注意が払われてこなかったといわれている（Zhang & Huxham, 2009）。

そこで，本書は，組織間信頼の形成と維持のメカニズムを明らかにすることを目的とする。そして，特に取引関係や協調関係を結ぶ前に，組織間に一定の関係がある場合に注目して，考察することにする。先行研究においては，組織と組織で互いについての情報がほとんどない状態から組織間信頼が形成されることが前提とされてきたが，実際には，リーダー同士が友人あるいは知り合いであることや，社会的なつながり，感情的な結びつきといった，一定の関係があることを前提として組織間信頼が形成される例もあるからである。このような信頼は，経済的合理性のみでは説明のつかないものといえよう。しかし，組織と組織との間に事前に一定の関係があるというだけでは組織間信頼は成立しないという見解（酒向, 1998）が支持されるべきであるとすると，その形成要因は何かということについて考察する必要がある。

上記のことを明らかにするにあたって，組織間信頼は，個人間と組織間という2つの次元で分かれながらも相互に連関しながら発展していくものであるとする立場（Zaheer et al., 1998）に依拠することにする。そのため，組織に属する個人と個人との間で形成される個人間信頼と，組織と組織との間で形成される組織間信頼について考察し，それぞれの形成要因，相互の連関について検討する。そして，それを踏まえて，組織間信頼の形成・維持のメカ

ニズムを提示することにしたい。

第2節

研究方法

　本書の研究方法は，先行研究の検討，および，事例研究である。

　本書は，前節で述べたように，組織間信頼の形成・維持のメカニズムを明らかにすることを目的とする。そこで，まず，先行研究を検討し，組織間信頼の形成・維持の要因となるものについて考察する。そして，それを前提として，事例研究を行う。事例研究は，なぜ，あるいは，どのようにという問題について考察する場合に望ましい研究方法の1つであるとされている（Yin, 1994）。そのため，組織間信頼がどのように形成され，維持されるのかを明らかにするという本書の目的には，適した方法であるといえよう。

　事例としては，国内有数の複合金属加工基地である新潟県燕地域の産業集積において発足した，研磨業者による共同受注グループ「磨き屋シンジケート」と，京都府南部に所在する機械金属関連の中小企業10社が共同で立ち上げた，試作に特化したソリューション提供サービスを専門とする「京都試作ネット」の2つを取り上げる。これらの事例を選択した理由としては，①地域的，文化的，業種的に類似した属性を有する組織間であるため，経済的合理性のみでは説明のつかない組織間信頼がみられるのではないかという点，②燕地域も京都府南部も，歴史的，伝統的に産業が集積している場所ではあるが，グループ設立から比較的日が浅いため，組織間信頼の，特に形成についての知見が得られるのではないかという点，および，③両グループに参加する組織は，小規模組織が多いため，大規模組織よりも考察する要因が絞られ，相対的に単純化してみていくことが可能なのではないかという点が挙げられる。

序　章

　なお，事例については，2011年から2014年にかけて2つの共同受注グルー
プに対して行ったインタビュー調査と，2次資料をもとに検討する。インタ
ビューは，主に，燕三条地場産業振興センター産業振興部（2011年9月16
日），燕商工会議所（2011年10月21日），京都試作ネット副代表理事（2014
年5月30日），京都試作ネット企画担当常任理事（2014年12月9日）につ
いて行ったものである。インタビュー時間はそれぞれ1時間半から2時間程
度であり，インタビュー内容はすべて録音し，書き起こし，まとめている。
質問の内容に関しては，事前にインタビューの目的と質問項目を送付してい
るが，実際には，はじめに自由に話してもらい，後から追加する形で質問項
目に答えてもらうという半構造化インタビューの形式をとった。質問される
側にとって，「信頼」は日常用語として用いるものではあるが，それがどのよ
うに形成されるのかなどを意識していることは少ない。この点で，半構造化
インタビューは，「なぜこのようなことが起きているのか，何がそれを起こし
ているのかというような要因間の関係を抉り出す説明的研究に非常に向いて
いる」（若林，2001，p.133）とされるため，適切な方法であると考えられる。
なお，2次資料としては，書籍，新聞・雑誌記事，インターネット資源のほ
か，インタビュー調査などの際に提供された資料を参照している[1]。

第3節

本書の構成

　本書の構成は，以下のとおりである。各章の関係については，**図表序-1**に
示した。
　第1章では，先行研究を検討する。組織間信頼の研究は，近年になって注

1）本書で参照したインターネット資源の最終閲覧日は，2018年7月1日である。

5

目されるようになったものであり，理論的蓄積は増えてきてはいるものの，未だそれほど多いとはいえない。しかし，他の信頼の研究と同様に，組織間信頼の捉え方やアプローチは多様である。そこで，まず，従来の議論を概観し，問題の所在を明らかにして，組織間信頼の研究視点，組織間信頼の捉え方，組織間信頼の形態について論じる。

第2章では，組織間信頼の形成・維持の基礎的メカニズムについて考察する。基礎的メカニズムは，組織と組織が，互いについての情報がほとんどなく，ゼロから関係を築き上げていくことを前提に，自己利益の追求を信頼形成の出発点とするものである。そして，組織間信頼には形成段階と維持段階とがあるとし，組織間信頼の形成については，信頼は究極的には自己利益に根ざしているとする groundedness アプローチ（山岸, 1998）を援用したメカニズムを提示する。また，組織間信頼の維持については，反復囚人のジレンマ（Axelrod, 1984）などを参照して，メカニズムを提示する。

第3章では，第2章で提示した組織間信頼の形成・維持の基礎的メカニズムの限界を踏まえた上で，経済的合理性のみでは説明のつかない組織間信頼について考察する。先行研究の検討から，経済的合理性のみでは説明のつかない組織間信頼のうち，リーダー同士が友人あるいは知り合いであることや，社会的なつながり，感情的な結びつきといった，一定の関係があることを前提として形成されるものを縁故に基づく信頼と名づけ，第4章以下での検討の前に，本書で扱う縁故に基づく信頼の範囲を限定する。

第4章では，縁故に基づく信頼の形成要因について検討する。本書は，組織間信頼を組織と組織との関係と，組織に属する個人と個人との関係が相互に連関するものと捉えるため，まず，組織間信頼の形成における個人間信頼の役割についてみる。すなわち，組織間信頼の出発点は組織に属する個人と個人による個人間信頼であると仮定し，2つ以上の異なる組織の間で境界を越えてそれらを結びつける役割を果たすとされる境界連結者について，先行研究を踏まえて検討する。次に，近年注目されている制度と信頼との関係に

ついて，新制度派組織論の観点から考察する。これによって，これまで信頼に関わるとされてきた制度とは，規範であるということが導かれる。そこで，規範が組織間信頼の形成にどのような影響を及ぼしているのかについてみる。

第5章では，縁故に基づく信頼の維持要因について検討する。組織間信頼を維持するためには何が重要であるのかについて，第1章でみた組織間信頼の形態のうち，知識型信頼と一体型信頼を手掛かりに考察していく。

第6章では，産業集積の中で発足した2つの共同受注グループの事例を紹介する。まず，産業集積についての先行研究を整理し，その上で，2つの共同受注グループの設立経緯と概要，共同受注の仕組みと内容などについてみていくことになる。

第7章では，第5章までで検討した組織間信頼の形成・維持の要因が第6章で紹介した2つの事例においてみられるのかを検証し，それを踏まえて，組織間信頼の形成・維持のメカニズムを提示する。

最後に，終章では，本書の貢献と限界，今後の課題について述べる。

図表序-1　本書の構成

序章
研究目的, 研究方法, 本書の構成

第1章　先行研究の検討
問題の所在, 組織間信頼の研究視点, 組織間信頼の捉え方, 組織間信頼の形態

経済的合理性に基づく組織間信頼

第2章　組織間信頼の形成・維持の基礎的メカニズム
経済的合理性に基づく組織間信頼の形成・維持メカニズムの提示

経済的合理性のみでは説明のつかない組織間信頼

第3章　経済的合理性のみでは説明のつかない組織間信頼
縁故に基づく信頼

第4章　組織間信頼の形成要因
組織間信頼の形成要因の検討

第5章　組織間信頼の維持要因
組織間信頼の維持要因の検討

第6章　組織間信頼の事例研究
共同受注グループ「磨き屋シンジケート」と「京都試作ネット」

第7章　組織間信頼の形成・維持のメカニズム
事例分析, 組織間信頼の形成・維持メカニズムの提示(結論)
終章　貢献と限界, 今後の課題

第 1 章

先行研究の検討

信頼については，これまで数多くの研究が行われてきたが，その捉え方や
アプローチには一致がみられないという問題がある。その理由としては，
様々な学問分野において議論がなされてきたことが挙げられる。本書で扱う
組織間信頼の研究は，近年になって注目されるようになったものであり，理
論的蓄積は増えてきてはいるものの，未だそれほど多いとはいえないが，他
の信頼の研究と同様に，その捉え方やアプローチは多様であるということが
できる。

　そこで，本章では，従来の議論を概観し，問題の所在を明らかにして，組
織間信頼の研究視点，組織間信頼の捉え方，組織間信頼の形態について論じ
ることにする。

第 **1** 節

信頼研究の概観

1. 信頼研究の波及

(1) 社会学的アプローチ

1) 心理学の分野における議論と社会学の分野における議論

　信頼研究（信頼一般の研究）は，20世紀に入るまでは，もっぱら心理学の
分野において行われてきた。しかし，その後，社会学の分野でも，信頼につ
いての議論がなされるようになった（e.g. Simmel, 1908; Deutsch, 1958;
Parsons, 1963; Luhmann, 1973; Barber, 1983）。それまで，信頼は，個人の
中の心理的事象として概念化されており，個人はどのように他者を信頼する
のかということに関心が向けられていた。しかし，Luhmann (1973)，Barber

（1983）などによって，信頼は，相互主観的，あるいはシステム的な社会現象として認識されるようになり，2者間，集団間といった集合的な単位を対象とした信頼研究も行われるようになった。

　Luhmann（1973）は，行為システムと環境との間に相互作用が成り立っているとし，信頼を分析するにあたっては，システムが環境を信頼する場合とシステムが環境によって信頼される場合の2つを考慮に入れる必要があるとする。このうち，前者は，なぜ他者を信頼するのかという心理学的な問題であるが，後者は，他者（環境）から信頼されるためにはどのようにすればよいのかというシステム側の問題である。このように，信頼されるための行動を問題とする点で，Luhmann の見解は，従来の議論とは異なる視点を持つものとなっている。Luhmann によれば，信頼は「固有の法則性を伴った社会的な関係」（大庭・正村訳，1990，p.5）であり，その機能は複雑性の縮減にあるとされる。そこでは，信頼の機能分析に焦点が当てられ，信頼が複雑性を縮減するのは，「信頼が情報不足を内的に保障された確かさで補いながら，手持ちの情報を過剰に利用し，行動予期を一般化するから」（大庭・正村訳，1990，p.176）であると説明されている。

2）社会関係資本論

　その後，1980年代後半から1990年代前半にかけて，信頼の概念的側面に関する研究が数多く行われるようになる（Lyon et al., 2012）。たとえば，Coleman（1988），Putnam（1992）などによれば，信頼は，個人の生活を豊かなものとする私有財としての社会関係資本であると同時に，社会を住みやすい場所とする公共財としての社会関係資本であるとされる。

　Putnam（1992）は，社会関係資本とは，信頼，規範，ネットワークから構成されるものであるとし，特にその中でも信頼の重要性を強調している。そして，信頼とは，裏切りの誘因や不確実性を低減させ，集合行為のジレンマの解消に寄与するものであるとする。

他方，Hirsch（1978）は，信頼を公共財としての社会関係資本であるとした上で，多くの経済的取引の成功に信頼は欠かせないものであるとしている。

　なお，社会関係資本論については，信頼する側の特性である信頼ではなく，信頼される側の特性である信頼性が問題とされているとの指摘がある。山岸（1998）は，信頼研究において信頼と信頼性とは明確に区別されてこなかったが，信頼は相手の信頼性の評価であるのに対して，信頼性は相手が信頼に足る行動をするのかという相手側の特性を意味するものであるとする。

　社会関係資本論は，経済的な取引関係において，社会ネットワークのあり方が個人や組織の信頼の内実に影響を及ぼすことを重視するものであり（若林，2006），信頼に関して社会的文脈を考慮する場合には有用な理論であると考えられている。

　しかし，組織間信頼について考察するにあたっては，組織論の観点から，いかにして信頼を獲得するかという組織の主体的な行動が考慮されるべきであると解される。そして，社会関係資本論には，そのような視点が欠けており，その意味で，限界があるように思われる。

(2) 経済学的アプローチ

1）合理的選択理論

　さらに，1990年代後半になると，経済学的アプローチによる研究が幅広く行われるようになる。信頼は自己利益に基づくものであるという考え方（山岸（1998）のいう groundedness（根ざし）アプローチ）のもとで，信頼を合理的な選択と捉える研究が展開されていくことになる。

　合理的選択理論は，「人々の行為を合理的に選択されたものとして説明することを通じて，人々の行為の結果として生じている社会現象を説明する，という形式をもつ理論的試み一般」（盛山，1997，p.137）のことである。この理論は，すべての主体は等しく予測能力と選択能力を備えているというこ

12

第1章　先行研究の検討

とを前提とする（盛山, 1995）。その特徴としては, ①選択は常に現実状況の限定的かつ近似的で単純化されたモデル（状況定義）について行われるとし, ②状況定義の諸要素は「所与」ではなく, それ自体が心理学的, 社会学的過程の結果であり, その過程には選択者自身の活動とその環境内の他者の活動が含まれるとすることが挙げられる（March & Simon, 1993）。この理論の目的は, ミクロレベルでの個々人の行為の説明をすることにあるのではなく, できるだけ単純なモデルからマクロレベルの社会現象の説明をすることにある（太郎丸, 2005）。

　合理的選択理論からは, 信頼は合理的選択の帰結である協力ゲーム, 特に囚人のジレンマの問題と捉えられ, ゲーム理論を用いた分析が行われている（Lewicki & Brinsfield, 2012）。囚人のジレンマの中のプレイヤーは, 多かれ少なかれ利己的な動機に基づいて, 合理的に行為を選択すると想定される（盛山, 1997）。Axelrod（1984）は, しっぺ返し戦略（tit-for-tat）を適用した反復囚人のジレンマにおいては, 最初は協調し, その後は相手が前の回に選択したのと同じ行為を選ぶということになるとし, 協調関係の形成の可能性について論じている。

　また, Williamson（1975）は, 限定合理性と機会主義的行動が取引コストを決定する要素であるとし, 信頼のレベルが高い社会は, 信頼のレベルが低い社会よりも, 垂直統合の必要性が減少すると論じている。そして, Williamson（1993）は, 合理的選択理論からは, 信頼とは, 将来の協力可能性の計算ということになると説く。すなわち, 取引関係においては, 機会主義的行動によって効率的な生産が妨げられるが, 信頼関係があれば, 低い取引コストで社会的相互作用が可能となるとするのである。

　さらに, Coleman（1990）も, 合理的選択理論の立場から, 個人は自己の利益と集団の利益を一致させるようなことはせず, 自己利益のみを求め, 利己的行動をとるとし, 信頼はリスク状況下での意思決定であるとしている。つまり, そこでいう信頼とは, それによって得られる利益が, 裏切りによっ

13

て得られる利益を上回る場合に生じるものであり，相手の利益に自己の利益が内包されているのを確信することを意味する。

2) 取引コスト・アプローチ

　経済学的アプローチによる信頼研究としては，合理的選択理論によるものの他に，取引コスト・アプローチによるものがある。このアプローチによる信頼研究には，取引コストを削減するという信頼の機能に注目するものが多い（e.g. Bromiley & Cummings, 1995; Bradach & Eccles, 1989; Nooteboom, 1996）。すなわち，信頼の問題が取引の調整の問題と捉えられ，協力関係の条件とダイナミズムについての経済学的分析が行われている（若林，2006）。

　取引コスト・アプローチは，Coase（1988）によって提唱され，組織現象を解明する経済学的な分析枠組みとして発展してきたものである。取引関係においては，エージェンシー問題などにみられるように，機会主義的行動によって効率的な生産や投資が妨げられることがある。機会主義的行動は，限定合理性と契約の不完備性があるために起こりうるものであり，Axelrod（1984）が提示した繰り返しの協力ゲームにみられるような報復へのおそれ，あるいは名声の喪失などの社会的制裁によって抑制されうるものである。しかし，その場合，情報コストや監視コストなどが追加的に発生することになる（森田，2008）。そこで，信頼関係が存在していれば，より低コストで機会主義的行動の抑制が可能となると考えられる（若林，2006）。それ故，「契約に費用がかかり不完備でしかありえない社会では，信頼は大多数の経済的取引を実現する上で欠かせない」（Milgrom & Roberts, 1992, p.149）とされるのである。

3) 経済学的アプローチの限界

　以上の経済学的アプローチによる信頼研究は，合理的，計算的見方に基づくものである。しかし，信頼のこのような捉え方には，行為者が信頼行動に

14

第 1 章　先行研究の検討

あたって合理的計算を行っているのか，合理的計算を行うことが可能なのか，合理的計算が尽きた場合の信頼行動をどのように理解するのかといった問題がある（石川，2005）。

　また，Lane（1998）は，合理的選択理論では，行動の社会的性質が結果を予測するあらゆる努力をどのように蝕んできたのかということが考慮されていないと批判している。同様に，Bradach & Eccles（1989）も，将来は過去と現在の行動を基礎として創られるものであるとし，将来についての共有された期待があれば協調が生まれるとする Axelrod（1984）の理論には，どのように将来が出現するのかというプロセスに関する議論が欠けていると指摘している。さらに，Seppänen et al.（2007）は，経済学的アプローチによる信頼研究は，信頼を促進するインセンティブとガバナンス構造を重視しすぎており，その結果，社会的，倫理的規範を見落としているとし，Child et al.（2005）は，ゲーム理論のフレームワークでは，プレイヤーのパーソナリティ，社会的紐帯やプレイヤー間の口頭のコミュニケーションが扱われていないと指摘して，ゲーム理論の多大な貢献を評価しつつも，現実とは乖離した単純化によって取引関係に影響を及ぼす社会的文脈に関する考察を困難なものとしていると論じている。

　そのほか，Luhmann（1973），Lewis & Weigert（1985），Zucker（1986）など多くの研究が，信頼は合理的な予測が終わるところから始まるという理解に立ち，信頼の性質は信頼の文脈と対象に応じて変化すると捉えている。すなわち，経済学的アプローチには限界があると考えられているのである。

2. 経営学における組織間信頼の研究——問題の所在

　以上のような心理学や社会学，経済学の分野での信頼研究の展開に対して，序章（第1節）で述べたように，経営学において，組織間信頼は，1990

15

年代以降，注目されるようになった。

初期の研究では，取引コスト・アプローチに代表される経済学的アプローチから，組織間信頼は取引をコントロールする最も効率的なメカニズムと捉えられた。そこでは，取引コストの削減や機会主義的行動の抑制，不確実性の低減など，組織間信頼が果たす機能や効果についての議論がみられた。たとえば，Arrow（1972）は，組織間信頼は，事実上，あらゆる取引の構成要素となっていると指摘し，また，企業間協調の源泉（Dyer & Chu, 2000），経済的取引を統治するコントロール・メカニズム（Bradach & Eccles, 1989），調整メカニズムとして重要であるだけでなく，新たなビジネス環境で高いパフォーマンスと競争優位に立つための必要条件（Lane, 1998），提携の成否を決定づける重要なもの（Child et al., 2005）とも評された。特に，戦略的提携においては，組織間信頼がその成功の鍵となる要因であるとされ，組織間信頼が提携のパフォーマンスに正の効果を及ぼしているとの指摘もみられた（e.g. Dyer & Chu, 2003; Zaheer et al., 1998）。

その後，ネットワーク組織や埋め込みアプローチなどの理論への関心が高まるにつれて，協力関係の基盤となる組織間信頼の問題にも目が向けられるようになった（若林, 2003）。たとえば，ネットワーク分析を用いて，ネットワークの構造特性が組織間信頼に影響を及ぼすとする研究がみられた（e.g. 若林, 2006）。

しかし，先行研究には，以下のような限界がある。

第1に，組織間信頼については，従来の議論が「協力問題」として単純化してきたために，組織や組織間関係が信頼の構築に果たす役割が考慮されず，「組織論の不在」状況が生じているとの指摘がなされている（荒井, 2001; 若林, 2006）。組織間信頼は経済的な効用最大化の帰結として――つまり，個々の組織が経済的合理性に基づいた自己利益を重視することによって――形成されるという捉え方をするものが初期の研究に多く，社会的文脈についての考慮があまりなされてこなかったといえよう。もっとも，最近になって，

組織論の知見を踏まえた組織間信頼の研究も出てきているが，未だ十分でないように思われる。

　第2に，先行研究には経済学的アプローチから組織間信頼の機能や効果について論じたものが多く，機会主義的行動を抑制し，不確実性を低減させるために組織間信頼が必要であるという主張がなされてきた。そして，そこでは，組織間信頼の形成が組織と組織との間にまったく過去の「歴史」がなく，情報もないところから始まると捉えられてきたという問題がある（Lewicki et al., 2006）。すなわち，リーダー同士が友人あるいは知り合いであることや，社会的なつながり，感情的な結びつきといった，一定の関係があることを前提として形成される信頼については，ほとんど注意が向けられてこなかった[1]。

　これに対して，Nooteboom（2002）は，経済学的アプローチが注目する計算的な自己利益の追求のみでは，組織間信頼のすべてを説明することはできず，それ故，善意のようなものを組織間信頼の形成要因に含める必要があると論じている。善意とは，自己利益の追求から離れて，相手のためによいことをしたいと思うことと捉えられている（Schoorman et al., 2007）。つまり，信頼には様々なパラドックスがあり（Nooteboom, 2006），現実の組織間信頼には経済的合理性のみでは説明のつかないものがあると考えられるのである（e.g. Shapiro et al., 1992; Rousseau et al., 1998; Perrone et al., 2003; Gulati & Sytch, 2008）。McEvily et al.（2003）も，組織間信頼には計算された打算的な要素とともに，計算に基づかない要素が含まれているとする。また，

---

1) なお，この問題の背景には，経済学的アプローチがとられてきたことの他に，そもそも個人と個人との関係についての研究を行ってきた心理学の分野から組織間信頼の研究が派生したということがあるように思われる。すなわち，心理学においては，個人間信頼について，見知らぬ者同士が，いわばゼロから関係を築き上げていくことを前提とした研究が積み重ねられてきた。そして，組織間信頼についても，組織間信頼と個人間信頼とが同一視されたため，個人間信頼についてと同様に，見知らぬ組織同士がゼロから関係を築き上げていくのが前提とされることになったと考えられるのである。

Bachmann（2001）のいうように，国によって支配的な信頼の形態が異なるのと同様，信頼形成も，特定の環境に強く，深く根づいていると考えられる。たとえば，産業集積では，同一の産業が1つの地域に集まり，個々の組織が類似した属性を有するため，組織間信頼については，単なる1対1の組織間の関係だけでなく，2者を取り巻く環境がその形成に関わっていると解されるのである。

　第3に，経営学における信頼研究全般——組織間信頼の研究だけでなく，組織内の信頼の研究なども含む——についていえることであるが，信頼関係がどのように形成され，維持されるのか，すなわち，信頼の形成・維持のメカニズムが明らかにされていない。

3. 組織間信頼の研究視点

　信頼の研究は，もともと個人間信頼を対象としてきたが，近年になって，組織間信頼にまで対象を拡大してきた（Gulati & Nickerson, 2008）。そして，Zaheer & Harris（2005）は，組織間信頼の研究は，次の4つに分類することができるとする。

　第1は，組織間信頼とは何かという問いに答えようとするものである。

　第2は，組織間信頼はどのように形成され，発展するのかという問いに答えようとするものである。

　第3は，組織間信頼はどのように機能するのかという問いに答えようとするものである。

　第4は，組織間信頼は組織にとって望ましい成果をもたらすのかという問いに答えようとするものである。

　以上のうち，第2のものには，組織間信頼の発展における個人間信頼の役割に関する研究が含まれるが，組織間信頼と個人間信頼との関係について

は，次の3つの立場があるということができる。

まず，①組織間信頼を個人間信頼と同一視するという立場がある。1990年代までの研究には，このような立場をとるものが多くみられた。その理由としては，信頼の研究が個人と個人との関係についての研究を行ってきた心理学の分野から始まったものであるため，組織間信頼の研究が個人間信頼のそれの応用と捉えられてきたことと，組織そのものを信頼の対象とできるのかについて否定的な見解が有力に唱えられてきたことが挙げられるように思われる[2]。

次に，②組織の中の特定の個人と個人との間の信頼に注目するという立場がある。これは，組織と組織とをつなぐ者，たとえばリーダー同士の個人的関係や境界連結者間の関係をみていくというものである。

そして，③組織間信頼を個人間信頼とは異なるものと捉えるという立場がある。このような立場をとるものとして，たとえば，McEvily & Zaheer (2006) は，個人は，集合的な存在を信頼するのか，それともグループの個人メンバーのみを信頼するのかという問題を検討し，組織間信頼と個人間信頼が異なる現象からなるものであるということを示している。また，Zaheer et al. (1998) は，組織間信頼は，組織と組織との関係と，組織に属する個人と個人との関係が相互に連関するミクロ－マクロリンクなものであるとする。すなわち，組織間信頼は，個人間信頼とは――無関係なものではないが――異なる構成要素からなるものであり，交渉プロセスと取引パフォーマンスに影響を及ぼす中で異なる役割を果たしているとするのである。なお，個人間信頼と組織間信頼との違いについては，個人間信頼が他者に対する個人の信頼である一方，組織間信頼は相手組織に対して組織のメンバーが集合的に抱

---

2) 組織間信頼の場合，そもそも，組織自体を信頼することができるとする論者（Hagen & Choe, 1998; Currall & Inkpen, 2006; Janowicz-Panjaitan & Noorderhaven, 2006; Nooteboom, 2006）と，それができないとする論者（Doney & Cannon, 1997; Dyer & Chu, 2000; McEvily & Zaheer, 2006）とに分かれる。たとえば，Inkpen & Currall（2004）は，信頼を一定の行動をとるための意思決定であるとし，個人，集団，組織のいずれにも適用可能なものであるとしている。

く「信頼志向（orientation）」（McEvily & Zaheer, 2006, p.280）であるとするものもある。

　以上のうち，①や②では，組織に関わる問題を無視することになりかねない。そこで，本書は，③をとった上で，組織間信頼は，組織と組織との関係と，組織に属する個人と個人との関係が相互に連関するものであるという考え方に依拠して，検討していくことにする。

　先行研究には，個人と個人との間の信頼と組織と組織との間の信頼のいずれかについて論じるものが多く，双方を問題とするものはほとんどみられない[3]。しかし，たとえば，若林（2006）は，組織間信頼において，相手組織の認識を主導的に形成するのは個人であるとしても，その認識が組織全体である程度共有されなければ，組織行動全体に影響は出てこないとし，個人と組織全体に関する議論が必要であることを示唆している。また，Rousseau et al.（1998）は，組織間信頼の研究は，様々な概念レベルを上下する「組織のエレベーター」に乗ることであるとし，ミクロレベルとマクロレベルを統合した視点が必要であるとしている。そして，近年，組織論においても，マルチレベル分析の研究が盛んとなりつつあり，組織現象を明らかにするにあたって，複数のレベルの相互の関連をみていくことが重視されている。

4. 組織間信頼の形成・維持のメカニズムと研究のアプローチ

(1) メカニズムの捉え方

　本書は，組織間信頼の形成・維持のメカニズムを明らかにすることを目的

---

3) Gulati & Sytch（2008）は，組織間信頼をミクロ―マクロリンクなものと捉える研究がほとんどみられないのは驚くべきことであるとする。

20

とする。そこで,「メカニズム」という概念の理解について,ここで述べておくと,メカニズムとは,ある事柄が他の事柄を,なぜ,あるいは,どのように導くのかという「プロセス」を説明するものである[4]。

前々項で述べたように,先行研究において,組織間信頼の形成・維持のメカニズムは明らかにされていない。しかし,どのような要因がその形成に関わるのかについての議論はなされてきた。そこで,それを手掛かりとして,それぞれの要因がどのように関わり合い,どのようなプロセスを経て組織間信頼の形成・維持がなされるのかについて考察し,一連のメカニズムとして提示するというのが,本書の目的である。

なお,上記のメカニズムの捉え方にもみられるように,本書は,組織現象を客観的かつ法則定立的に捉えようとする機能主義の立場をとるものであって,社会的構成主義の立場をとるものではない。

(2) 組織間関係論のアプローチ

組織間信頼の形成・維持のメカニズムに関して,これまでどのようなアプローチがとられてきたかというと,そもそもこの点について論じたものがほとんどみられない。そこで,組織間関係の形成・維持を説明するのに有力な分析枠組みとして用いられてきた資源依存パースペクティブと,これに対抗する分析枠組みとして提示された協同戦略パースペクティブについて概観し,組織間信頼の形成・維持のメカニズムを説明できるのかをみておくことにする[5]。

---

4) Elster (2015) は,メカニズムとは,因果関係を示すパターンであるとし,King et al. (1994) は,原因と結果との間には一連の因果メカニズムが存在しており,因果メカニズムの中にある項目間のつながりについて検証していく必要があるとする。

1）資源依存パースペクティブ

　資源依存パースペクティブは，Thompson（1967）を端緒とし，Pfeffer &
Salancik（1978）が提唱したものであり，組織間関係論において支配的なパー
スペクティブであるとされる。この理論は，組織間関係の形成・維持につい
て，個々の組織を分析単位としている。そして，①組織は，その存続のた
め，資源を外部から獲得する必要があり（相手組織への依存），また，②組織
は，自律性を保持し，相手組織への依存を回避しようとする（自律性の確保）
という2つの前提に立っている（山倉，1993）。①の相手組織への依存とは，
組織に対して相手組織がパワーを持っていることを意味する。相手組織への
依存が強くなってしまうと，相手組織がパワーを持ちすぎることになってし
まうため，②の自律性の確保が必要となる。すなわち，組織間関係は組織の
存続のために資源を交換する必要から形成されるが，パワーを制御する上で
は管理が重要となるとされるのである（若林，2009）。

　組織間関係の形成メカニズムを資源依存パースペクティブから捉える場合，
組織間関係を形成する理由は，組織の存続のために外部から資源を獲得する
ことにある。しかし，組織間信頼の形成・維持のメカニズムを資源依存パー
スペクティブで説明することには，次のような問題があると考えられる。す
なわち，資源依存パースペクティブは組織間関係がどのように形成され，維
持されるのかを明らかにしようとしているが，その分析は組織間の資源交換
や依存関係に焦点を当てており，組織間関係の形成・維持のプロセスについ
ての分析はなされていない（山倉，1993）。そのため，組織と組織との間の

5）なお，組織間関係の分析枠組みとしては，他に，取引コスト・アプローチ，制度論，ネッ
　トワーク分析などが挙げられる。このうち，取引コスト・アプローチについては，第1項
　（1.（2）2））でみたとおりである。制度論は第4章で取り上げる。また，ネットワーク分
　析は，組織間関係論において議論されてきた様々な視点を複合的に分析できることや，資
　源依存パースペクティブをはじめとする理論の不十分な点を発展させ，新たな分析を可能
　とする点で有用であるともいわれているが（e.g. 若林，2009；秋山，2014），本書では扱わ
　ないことにする。

22

「信頼関係が形成されるとか，共有された価値や規範が形成・維持されると
いった関係」（山倉，1993，p.41）を捉えるには限界がある。若林（2009）も，
資源依存パースペクティブは，様々な資源の交換や依存の状況についての分
析はできるが，そもそもの前提として，相手組織への依存回避ということが
あるため，協力を促進していくような信頼の役割を説明することはできない
と指摘している。

2）協同戦略パースペクティブ

　協同戦略パースペクティブは，Astley & Fombrun（1983）によって提示
されたものである。個々の組織を分析単位とする資源依存パースペクティブ
とは異なり，組織の協同体を分析単位とし，分析枠組みの焦点を組織の協同
体レベルにおける協力や共生に当てている（山倉，1993）。また，資源依存
パースペクティブでは依存やパワーが強調されるのに対して，協同戦略パー
スペクティブでは，組織と組織が，交渉や妥協を通じて，協力や共生を図っ
ていくという側面が重視される。

　このような組織間の協力や共生を解明するため，Astley & Fombrun（1983）
は，①相互依存が，同種の組織間においてであるのか異種の組織間において
であるのか，②組織間の結びつきが，直接的であるのか間接的であるのかと
いう2つの次元に分けた上で，協同を次の4つのタイプに分類している（図
表1-1）。

図表1-1　協同の4つのタイプ

	同種組織間	異種組織間
直接的	ⓐ同盟型	ⓒ接合型
間接的	ⓑ集積型	ⓓ有機型

出所：Astley & Fombrun（1983）を一部修正し，筆者作成

まず，ⓐ同盟型協同は，同種組織間で直接的な関係がある場合であり，組織間の人的な流れを主要な資源とする。これは，寡占的な製造業などにおいてみられるものである。次に，ⓑ集積型協同は，同種組織間ではあるが，結びつきは間接的であり，協同のネットワークを通じて流れる情報を主要な資源とする。これに対して，ⓒ接合型協同は，異種組織間で直接的な関係がある場合であり，組織間の仕事の流れを主要な資源とする。そして，ⓓ有機型協同は，異種組織間で，結びつきは間接的であり，組織間の影響力の流れを主要な資源とする。

　以上のような区別をすることによって，協同体における相互依存関係や協同体のメンバーが果たす機能が明確となるとされる。

　組織間関係の形成メカニズムを協同戦略パースペクティブから捉える場合，組織間関係を形成する理由の１つに，変動する環境に適応するということがある。そして，そのために，組織と組織は，異なる利害や価値観を持ちながらも，交渉や妥協を通じて協力していこうとする。協同戦略パースペクティブは，組織の協力行動に注目するという点で，組織と組織との間でどのような協力行動が必要なのかということを明らかにしようとする場合には有用な分析枠組みであるといえよう。また，４つのタイプの区別によって，組織間の関係を特定し，それに応じた協力関係や問題点を考慮できるという点で，組織間信頼の形成・維持のメカニズムを考察する場合にも有用な分析枠組みとなる可能性があるように思われる。

　しかし，ここで注意しておかなければならないのは，信頼と協力は同義ではないということである。この点で，Mayer et al.（1995）は，信頼研究にともなう概念的な困難さの１つとして信頼と協力との混同があり，信頼が形成されていなくても協力は可能であると指摘している。そこで，協同戦略パースペクティブに依拠して組織間の協力行動に必要な要因を明らかにできたとしても，それをそのまま組織間信頼の形成・維持の要因として適用できるのかについては，疑問が残ることになる。

24

第1章　先行研究の検討

第2節

信頼の捉え方

1. 信頼一般に関する議論

そこで，問題となるのは，信頼とは何かということである。信頼研究では，従来，信頼を定義しようと様々な議論が展開されてきたが，依然として見解の一致があるとはいえない状況である。その原因としては，信頼研究が，心理学をはじめとして，社会学，経済学など社会科学の様々な学問分野で行われてきたため，それぞれの分野の研究者が，自らの分野のレンズやフィルターを通して問題にアプローチしてきたということが挙げられる。また，Lane（1998）が指摘するように，多くの論者は，信頼の根拠は社会的文脈や対象によって変化し，信頼の性質も到達した関係の段階に応じて変わってくると捉えている。

しかし，それでも，信頼を一定の「期待」と定義するのが，一般的な立場であるように思われる。

たとえば，Luhmann（1973）は，信頼とは，最も広い意味では，他者，あるいは社会への諸々の期待であるとしている。それには，道徳的秩序の存在に対する期待が含まれる。そして，Barber（1983）も，これを支持している[6]。

その上で，Barber（1983）は，道徳的秩序の存在に対する期待について，①相手が委託された義務と責任を果たす——また，そのために，場合によっ

---

[6] もっとも，Luhmann（1973）は，自然的秩序の存在に対する期待もここでいう期待に含まれるとする。そして，Barber（1983）も，同様の定義を採用するわけであるが，実際に問題としているのは，道徳的秩序の存在に対する期待のみである。

25

ては，自己の利益よりも他者の利益を優先する——ことに関する期待と，②社会関係や社会制度の中で，相手が役割を遂行する能力を持っていることに関する期待という，質の異なるものがあるとしている。また，Parsons（1963）は，相手の公正さに対する信頼と，相手の能力に対する信頼とを区別している。

　以上のことから，信頼は相手の「意図」と「能力」によって規定されるものと考えることができよう。これらに対する期待について，山岸（1998）は，相手がやるといったことをやる気があるのかに関するものと，相手がやるといったことをきちんと実行する能力を持っているのかに関するものとの区別であるとする。そして，2つの期待を混同せず，それぞれに適した文脈に位置づけて分析することが重要であるとしている。

　なお，山岸（1998）は，信頼を「相手の内面にある人間性や自分に対する感情などの判断にもとづいてなされる，相手の意図についての期待」（pp.46-47）と定義し，相手の能力に対する期待については検討していない。そして，信頼が最も必要とされるのは，信頼が最も生まれにくいと考えられる不特定の相手との関係においてであるとしている。また，信頼は，社会的不確実性の存在を前提としている点で，不確実性が存在しない状況についての認知である安心と区別されるとする。つまり，信頼とは，社会的不確実性が存在しているにもかかわらず，相手の人間性に基づいて，裏切らないであろうと考えることである。そして，社会的不確実性に対処するための方法には，ⓐ主観的に不確実性を低減させる——すなわち，自らが他者を信頼する——という方法と，ⓑ不確実性そのものの存在を客観的に除去するという方法があるとしている。このうち，ⓑは，利己的行動が自らに不利益な結果をもたらす「仕組み」を特定の関係の中に組み込むといったもので，経済的な取引関係などの場合に頻繁に用いられる方法であるとする。

　山岸（1998）による信頼の概念を整理すると，**図表1-2**のようになる。すなわち，まず，大きく，他者一般に対する「一般的信頼」と，特定の相手に対する「情報依存的信頼」とに分けられる。一般的信頼は，具体的な情報が

26

図表1-2 山岸（1998）による信頼の概念

出所：山岸（1998）p.47をもとに筆者作成

何もない相手に対する信頼のことであり，どの程度他者一般を信頼することができるのかが問題となる。情報依存的信頼は，具体的な情報がある相手に対する信頼のことであり，信頼する側の情報を判断する能力が問題となる。そして，情報依存的信頼は，相手の一般的な人格特性としての信頼性の程度を評定する際に使われる情報と，相手が自らに対して好意的な態度や感情を持っていることが分かるような情報に基づいて成立する。前者に基づいて成立する信頼が「人格的信頼」であり，後者に基づいて成立する信頼が「人間関係的信頼」である。その上で，山岸は，情報依存的信頼にみられる特定の相手との閉ざされた集団関係，組織関係をより開かれた形態に変えていくには，一般的信頼の育成が不可欠であるとし，コミットメント関係の形成と一般的信頼の発達が社会的不確実性を低減させると論じている。

2. 組織間信頼に関する議論

組織間信頼については，この20年ほどの間に様々な研究がなされたが，未だ包括的な理論が形成されるに至っていないといわれており（McEvily & Tortoriello, 2011），いわゆる「概念的沼地（a conceptual morass）」（Carnevale

& Wechsler, 1992, p.473) の状態が続いている。

　もっとも，前項でみたように，信頼一般については，一定の期待という定義がとられることが多い。また，経営学においても，多くの論者が，組織間信頼を「相手組織に対して何らかの期待をすること」と捉えている。すなわち，協力している組織との間で互いに将来に向かって一定の協力行動をとり続けるであろうという期待（Zucker, 1986），取引パートナーが機会主義的行動をとるかもしれないというおそれを軽減する一種の期待　（Bradach & Eccles, 1989; Gulati, 1995），相手組織が予測可能で相互に受容可能な方法によって対応，行動するであろうという期待（Sako, 1992），相手組織が，機会主義的行動のインセンティブなどがあるとしても，加害的な行動をとらないであろうという期待（Nooteboom, 2002），共有された，安定した協力への期待（若林，2006）などと定義されているのである。そして，本書も，基本的には，このような立場を支持する。

　なお，特に心理学の分野においては，相手の能力に対する期待は研究対象から除外されることが多いが，組織間信頼との関係では，能力に対する期待も意図に対する期待と同様に重要なものと考えられている（Sitkin & Roth, 1993; Mayer et al., 1995）。真鍋・延岡（2003a）は，「信頼する対象がいくら役割を遂行する能力を保有していたとしても，信頼の対象にそれを実行する意図がなければ，それを期待することはできない」（p.54）とし，意図と能力の双方が問題となることを示唆している。意図に対する期待と能力に対する期待について，Woolthuis et al.（2005）は，前者は相手が特に機会主義的行動をとらないような意図を持っていることに対する期待であり，後者は相手の技術，知識，組織，コミュニケーションの能力に対する期待であるとしている。Nooteboom（2002; 2006）も，個人や組織の行動に対する信頼を「行動的信頼（behavioural trust）」と呼び，それは意図に対する期待と能力に対する期待の2つに分けられると説いている。そして，意図に対する期待には，自らとの関係において機会主義的行動をとらないというものが含まれ，能力

第1章　先行研究の検討

に対する期待には，組織，特に企業については，相手組織の技術力，コミュ
ニケーション能力，組織能力，経営能力などに対するものが含まれるとする。
そこで，本書は，意図に対する期待と能力に対する期待の双方について検討
することにする。

　また，組織間信頼について考察するにあたっては，相手組織を信頼すると
いうことだけでなく，自らが相手組織から信頼されるということも問題とな
る。そうすると，相手の意図と能力の他に，相手に対する自らの意図と能力
の提示——組織の主体的な行動としての——を考慮することも必要となると
解される。

3. 組織間信頼の形態

　Child & Möllering（2003）は，信頼がどのようにして生まれるのかという
ことを，先行研究は，信頼の「根拠（bases）」，「源泉（sources）」，あるいは
「基礎（foundations）」として論じてきたとする。この根拠などが違えば，信
頼の形態は異なってくる。そして，この信頼の形態には，2つないし3つの
ものがあるとされることが多く，先行研究においては，様々な表現がなされ
てきたが，その実質的内容は類似しており，**図表1-3**のように分類すること
が可能であろう。

　組織間信頼も，論者によってラベルづけは様々であるが，基本的には，同
様に，①「打算型信頼」，②「知識型信頼」，③「一体型信頼」の3つに分類
することができる。

　このうち，①は，取引が成り立つために最低限必要なものである。②は，相手
組織の行動が予測可能なことを根拠とし，相手組織について十分な情報がある
場合に成立するものである。そして，③は，相手組織の願望や意図への共感など
を根拠とするものである。以下では，これらについて詳しく検討することにする。

29

図表 1-3　信頼の分類

打算型信頼	知識型信頼	一体型信頼
● 抑止に基づく信頼（Shapiro et al., 1992; Sheppard & Tuchinsky, 1996） ● 約束厳守の信頼（Sako, 1992） ● 計算に基づく信頼（Lewicki & Bunker, 1996）	● 知識に基づく信頼（Shapiro et al., 1992; Sheppard & Tuchinsky, 1996; Lewicki & Bunker, 1996） ● 能力に対する信頼（Sako, 1992） ● 認知に基づく信頼（Lewis & Weigert, 1985; McAllister, 1995）	● アイデンティフィケーションに基づく信頼（Shapiro et al., 1992; Sheppard & Tuchinsky, 1996; Lewicki & Bunker, 1996） ● 善意に基づく信頼（Sako, 1992） ● 感情に基づく信頼（affect-based trust）（Lewis & Weigert, 1985; McAllister, 1995） ● 規範に基づく信頼（norm-based trust）（Lane, 1998） ● 関係信頼（relational trust）（Rousseau et al., 1998）

出所：筆者作成

(1) 打算型信頼

　打算型信頼は，取引が成り立つために最低限必要なものであり，計算された自己利益（Nooteboom, 2003）に——すなわち，合理的選択に——基づくものである。契約を結ぶことなどによる，行動のコントロールあるいは抑止が問題となる。キーワードとしては，利己的行動，言行の一致，制裁のおそれ，人質の提供などが挙げられる。

　たとえば，Shapiro et al.（1992），Sheppard & Tuchinsky（1996）は，信頼には，「抑止に基づく信頼（deterrence-based trust）」，「知識に基づく信頼（knowledge-based trust）」，「アイデンティフィケーションに基づく信頼（identification-based trust）」という３つのものがあると指摘しているが，このうち，抑止に基づく信頼とは，発言したことを守る主要な動機が抑止にある場合に成立するものである（Shapiro et al., 1992）。すなわち，言行が一致していることに根拠を持ち，その一致は，裏切った場合に受けることになる

制裁へのおそれからくるものであるとされる。これは，制裁がありうるのが抑止力となっていることを意味する。また，相手組織の行動についての不確実性が低減され，相手組織を信頼することができれば，監視の必要性は減少する。抑止に基づく信頼が機能するための条件としては，裏切りによって受ける損失が，それによって得られる利益を上回ることなどが挙げられている。

　なお，サプライヤー関係における信頼について経済学的分析を行ったSako (1992) は，組織間信頼を，「約束厳守の信頼（contractual trust）」，「能力に対する信頼（competence trust）」，「善意に基づく信頼（goodwill trust）」の3つに分類しているが，このうち，約束厳守の信頼とは，取引関係にある者の間で契約上の合意（約束）が守られている限りにおいて成立しているものである。取引が成り立つために最低限必要な組織間信頼であるとされる点で，それは，抑止に基づく信頼と類似しているようにもみえる。しかし，約束厳守の信頼とは，「約束は守る」という普遍的な倫理基準を取引関係にある者の間で維持するという前提に立つものであり，そこには抑止や制裁という意味合いはほとんど含まれていないことから[7]，2つは区別されるべきであろう。

　Lewicki & Bunker (1996) は，Shapiro et al. (1992) の抑止に基づく信頼の概念を「拡張」した上で，それを「計算に基づく信頼（calculus-based trust）」と名づけている。計算に基づく信頼は，裏切った場合に受けることになる制裁へのおそれという抑止に基づく信頼の根拠に加えて，組織間信頼を保持する――失わないようにする――ことによって得られる報酬にもその根拠があるとされる。Lane (1998) は，取引関係の最初に成り立つ組織間信頼として，計算に基づく信頼を挙げている。抑止に基づく信頼と計算に基づく信頼は，いずれも自己利益の追求を根拠としており，Nooteboom (2002)

---

7) なお，このことから，約束厳守の信頼については，そもそも「打算型」信頼に分類するのは適切ではないのではないかという疑問があり得るが，取引が成り立つために最低限必要な信頼であるとされることから，**図表1-3**では，抑止に基づく信頼などと同じ組織間信頼の形態（打算型信頼）に分類している。

は，これらの信頼が成立するためには機会主義的行動のコントロールが必要となるとする。

　抑止に基づく信頼について，Rousseau et al.（1998）は，むしろ最も低レベルの不信に近いのではないかと批判している。また，Sitkin & Roth（1993），Nooteboom（2006）も，抑止は信頼とは異質なものではないかとして，抑止に基づく信頼が組織間信頼に含まれるとすることを疑問視している。確かに，相手組織からの制裁をおそれて行動するような関係を信頼関係と呼ぶことは，不自然に感じられるかもしれない。しかし，組織と組織が，互いについての情報がほとんどなく，ゼロから関係を築き上げていく場合，相手組織の行動についての不確実性が高いため，リスクも高くなる。それ故，契約などによって裏切った場合には制裁を受けるという状態を創り出し，相手組織の裏切りを抑止するという抑止に基づく信頼は，最も初期の段階の組織間信頼であるということもできるように思われる。

　また，Lewicki & Bunker（1996）のいう計算に基づく信頼が成立するためには，相手組織がどのように損得の計算をするかが分からなければならず，そのためには相手組織のことをある程度知っている必要があるから，それは，抑止に基づく信頼の概念を拡張したものというよりは，抑止に基づく信頼よりも「一歩進んだ」ものと考えられる。なお，Lewicki & Bunker は，この段階の組織間信頼を「滑り台とはしご」にたとえて，相手組織との関係を築くのははしごを登るように一歩ずつだが，言行の一致がなくなると途端に滑り台を滑るように関係が後退していってしまうとし，それは不完全でもろいものであるとしている。

　いずれにせよ，この段階の組織間信頼については，経済学的アプローチを前提とした捉え方がなされているということができる。

(2) 知識型信頼

　知識型信頼は，相手組織の行動が予測可能なことを根拠とし，相手組織について十分な情報がある場合に成立するものである。この段階となると，たとえ相手組織が一貫しない行動をとったとしても，関係が壊れることには必ずしもならない。キーワードとしては，行動の予測可能性，相手組織に関する情報収集，相互関係の反復などが挙げられる。

　予測が可能であるためには，相手組織の行動を理解することが必要とされるが，それは，相手組織との関係を重ね，広い範囲で関係を持つことによって得られる（Shapiro et al., 1992; Sheppard & Tuchinsky, 1996）。言い換えれば，相手組織との接触回数が増えていくにつれ，互いの行動を理解し，予測できるようになるということである。そのためには，定期的なコミュニケーションと取引前の潜在的な相手組織に対する綿密な調査が有効であるとされる（Shapiro et al., 1992）。

(3) 一体型信頼

　一体型信頼は，相手組織の願望や意図への共感などを根拠とするものである。これは，相手組織との信頼関係を維持するために何をしなければならないかを理解するようになった状態であり，相手組織を監視する必要はないと信じ，相手組織との関係を継続するよう努める状態である。また，共感とは，相手組織がどのように考え，感じているのかを知り，理解することであるとされる（Woolthuis et al., 2005）。信頼は予測を超えたところから始まるとする Lewis & Weigert（1985）は，まさに感情的な結びつきを重視しているといえよう。キーワードとしては，相手組織への共感，信頼を維持しようとする行動，感情的な結びつきの強さなどが挙げられる。

Shapiro et al.（1992），Sheppard & Tuchinsky（1996），Lewicki & Bunker

（1996）のいうアイデンティフィケーションに基づく信頼は，一体型信頼の一種であると考えられる。Shapiro et al. は，この信頼について，端的にアイデンティフィケーションのことであるとしている。Lewicki & Bunker は，互いについて知り，自己同一視するようになることや，相手組織の信頼を維持するために互いに何をしなければならないのかを理解するようになることを，アイデンティフィケーションに基づく信頼の特徴として挙げている。そして，アイデンティフィケーションに基づく信頼のレベルを高めるために有効なものとして，Shapiro et al. は，共同で製品を作ること，あるいは共通の目標を持つことのほか，名前，近接性，価値の共有があるとする。

　Sako（1992）は，何が公平であるかについて共有化された価値観（規範的価値観）があり，裏切られることはないという場合に成立するものを，善意に基づく信頼と名づけている。善意に基づく信頼とアイデンティフィケーションに基づく信頼は，しばしば同一のものとして扱われるが，酒向（1998）は，善意に基づく信頼は文脈依存的なものであるとする。また，規範的価値観が存在していることは善意に基づく信頼が成立する十分条件ではないとし（Sako, 1992），善意に基づく信頼が成立するためには「非限定的コミットメントや相互性に関する特別な規範的基準が存在していなければならない」（酒向，1998，p.106）とする。

(4) 3つの組織間信頼の形態の関係

　以上の，打算型信頼，知識型信頼，一体型信頼という3つの形態の関係については，ある形態から別の形態へと段階的に発展していくとする見解（発展説）がある（Shapiro et al., 1992; McAllister, 1995; Mayer et al., 1995; Lewicki & Bunker, 1996; Lane, 1998）。これは，Shapiro et al.（1992）を基礎として，Lewicki & Bunker（1996）が唱えたものである。Lewicki & Bunker は，打算型信頼，知識型信頼，一体型信頼という3つの形態は連続して生じ

るものであり，あるレベルの信頼が達成されると次のレベルのそれへと変化するとし，信頼の発展段階モデルを提示している。すなわち，信頼は，打算型信頼から知識型信頼，一体型信頼へと発展するというのである。

　信頼が段階的に発展するという主張は，Gulati（1995）などにもみられるが，これは，他者との関係が時間の経過とともに徐々に変化していくとする社会学の分野における段階的分化説に基づくものであろう。このような見解に対して，Nooteboom（2003）は，打算とコントロールには監視が必要であり，監視のためには知識が必要となるため，打算型信頼が知識獲得に先行するようなことはないと主張している。また，Luhmann（1973）も，「信頼とは，〔与えられている量を〕超過して引き出された情報なのであって，信頼を寄せる者は，たしかに十分に詳しく・完全に・信憑性を伴ってではないにせよ，しかし，一定の基本的な特徴に関しては事態に通じており，すでに一定の情報を得ている，ということが，信頼の基盤なのである」（大庭・正村訳，1990，p.57）とする。しかし，Lewicki & Bunker（1996）の議論は，関係が進むにつれて相手組織の情報が増え，知識型信頼が成立するというものであろう。したがって，打算型信頼の段階は，知識獲得は行われているが，知識が足りないが故に監視をしなければならない状態なのだといえよう。

　しかし，発展説については，次のような問題があるように思われる。すなわち，打算型信頼から信頼関係の構築が始まるとされているが，そこでは，相手について情報がほとんどなく，ゼロから関係を築き上げていくことが前提とされている。しかし，リーダー同士が友人あるいは知り合いであることや，社会的なつながり，感情的な結びつきといった，一定の関係があることを前提として組織間信頼が形成される場合には，経済的合理性を根拠とする打算型信頼から始まるとはいえないであろう。

　そこで，発展説のいうように，組織間の関係の変化とともに組織間信頼の形態も変化すると捉えつつも，常に打算型信頼から知識型信頼，一体型信頼へと発展するわけではないとしておくのが妥当であろう。同時に，ある一時

点でみれば，組織間信頼が様々な根拠に基づいて存在し，各形態が混在する (Lane & Bachmann, 1996; Nooteboom, 2003; 真鍋・延岡, 2003a) ——例えば，打算型信頼から知識型信頼へと「発展」したが，後者と同時に前者も存在している——ということもあると考えられる。

第**2**章

組織間信頼の
形成・維持の
基礎的メカニズム

信頼には，形成と維持という2つの段階があると考えられる。本章では，組織間信頼の形成・維持の基礎的メカニズムについて考察する。基礎的メカニズムは，組織と組織が，互いについての情報がほとんどなく，ゼロから関係を築き上げていくことを前提に，自己利益の追求を信頼形成の出発点とするものである。前章（第1節2.）において，先行研究を検討し，経済的合理性がすべての信頼形成の出発点であるとはいえないのではないかとしたが，本章では，互いに何の関係もないところから組織間信頼が形成され，維持される場合のメカニズムについて検討し，次章以下で，経済的合理性のみでは説明のつかない組織間信頼の形成・維持について考察することにする。

第1節

組織間信頼の形成段階

1. 組織間信頼の形成の基礎的メカニズム

　組織と組織が，互いについての情報がほとんどなく，ゼロから関係を築き上げていく場合，相手組織の行動についての不確実性が高いため，リスクも高くなる。そのため，相手組織の利益よりも，自己利益をまず考えることになろう。そこで，組織間信頼の形成について，信頼が究極的には自己利益に根ざしているとする groundedness アプローチ（山岸, 1998）を援用することにする。このアプローチでは，なぜ人は他者を信頼するのかではなく，なぜ信頼されるように行動するのかが問題とされる[1]。

　groundedness アプローチでは，信頼を生じさせるためには，人質の提供を自ら進んで行い，裏切ると自己利益が損なわれるという状態を創り出すことになる。すなわち，信頼は，将来の行動に対する期待であるとして，合理的

38

第2章 組織間信頼の形成・維持の基礎的メカニズム

行動を確保するために人質を利用するのである（Blomqvist, 1997）。人質とは、望ましくない行動をとると自らに降りかかってくる損失のことである。契約や保証、評判などがそれに当たるが、このうち、評判は、社会的不確実性が存在する中で、情報統制的役割と情報提供的役割を持つとされる。情報統制的役割があるとは、評判を立てられる側の行動をコントロールする役割を果たすということであり、情報提供的役割があるとは、評判を立てられる側の人間性を判断するための情報としての役割を果たすということである（山岸, 1998）。すなわち、評判という人質が提供されることで、それを受け取る側は、提供側の行動に対するコントロール可能性を与えられるとともに、提供側についての情報を手にすることになる。評判による抑止効果については、Axelrod（1984）においても論じられている。

このような行動が選択されるのは、信頼されないよりも信頼された方が自らにとっての利益が大きい状況が存在するためである。山岸（1998）によれば、groundedness アプローチの説明原理は、「信頼に値するように行動させる誘因の存在」（p.58）にあるとされる。つまり、信頼関係を結ぶ目的は自己利益の追求にあり、そのために相手組織を信頼するということになる。すなわち、「信頼＝自己利益の追求」という捉え方によって、組織間信頼の形成について、**図表2-1**のようなメカニズムが導き出される。

まず、組織は、自己利益の追求のために、相手組織との信頼関係を構築しようとする。そして、相手組織への自らの信頼を示す証拠として、契約や保証、評判といった人質を提供することで、裏切れば自己利益が損なわれるという状況を創り出し、不確実性を低減させ、信頼される状態を生じさせる。

---

1) Hardin（1993）の「カプセル入りの利益（encapsulated interest）」論は、groundedness アプローチに属する考え方である。山岸（1998）は、これを「針千本マシン」の例を用いて説明している。すなわち、ある人間の身体に「針千本マシン」が埋め込まれており、嘘をつくと必ず千本の針を飲み込むようになっていれば、そのことを知っている者は皆、その人間が絶対に嘘をつかないと確信し、埋め込まれている人間にとっても、嘘をつかないようにする方が自己利益にかなうことになるとする。

39

図表 2-1　組織間信頼の形成の基礎的メカニズム

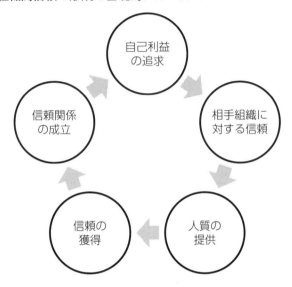

出所：筆者作成

　人質の提供によって，信頼を獲得し，信頼関係を成立させることで，結果的に自己利益が充足されるのである。
　たとえば，戦略的提携の場合，その裏切りには，①逆選択，②モラル・ハザード，③ホールド・アップがある。このうち，①は，スキルや能力，資源などをそもそも持っていなかったり，入手が不可能であったりするのにもかかわらず，それを提供すると偽って提携関係を結ぼうとするような裏切りのことである。②は，提携前に合意したものより低いスキルなどを提供することである。本来であれば，その提携に活かせるような優れたスキルなどを有しているのに，意図的にそれらを活用しない裏切りのことをいう。なお，これは，意図的なものではあるが，悪意によるものであるとは限らない。組織を取り巻く環境が変化し，戦略を変更せざるを得ない場合などにも発生する。そして，③は，戦略的提携において，一方が他方よりも多量の取引特殊

第2章　組織間信頼の形成・維持の基礎的メカニズム

な投資（当該提携においては価値があるが，提携外での取引においてはほとんど価値をもたらさなかったり，かえってパフォーマンスを悪化させることになったりするような投資）を行った場合，取引特殊な投資が少ない方の企業が，提携前の合意を修正して，より多くの利益を得ようとすることである。

　このような裏切りが生じるのを回避する方法としては，裏切りが生じた場合の法的責任を定めた明示的契約を締結しておく業務提携，株式持合，共同で投資をし，法的に独立した企業を新たに設立し，そこから得られる利益を共有するジョイント・ベンチャーを形成することなどが挙げられる。また，自らの評判への配慮が，事後的な機会主義的行動を抑制する有効な手段となり，裏切りを克服できる場合がある（Milgrom & Roberts, 1992）。すなわち，これらの方法は，人質の提供に当たるといえよう。

　Luhmann（1973）によれば，「信頼は，〔他人によって〕請求されうるものではない。信頼は，あくまで贈られ・受容される。従って信頼関係は，〔規準的な〕要請によってではなく，あくまで前払いによって設定される」（大庭・正村訳，1990，pp.79-80）。また，「ある振舞いをすることによって信頼されたことに報い，〔裏切りによって得られたであろう〕自分の他の利害を抑制するのでなければならない」（大庭・正村訳，1990，p.77）が，「自分自身の信頼があってはじめて，信頼が裏切られないであろう，ということを規範として定式化する可能性が生じるのであり，それによってはじめて他者を自分のほうへ引きつけることができるのである」（大庭・正村訳，1990，p.80）とされる。このような見解によるならば，信頼関係を構築するためには，自らが他者に対して信頼しているのを示す必要があり，また，人質が自己の他の利益の追求を抑制する役割を果たすということになろう。特に，人質の中でも評判は，それが悪いものである場合，将来有益な取引可能性を減少させるのではないかというおそれが生じるため，機会主義的行動を抑制する有効な手段であるとされる（Milgrom & Roberts, 1992）[2]。そこで，組織間信頼の形成メカニズムは，**図表2-1**のように進んでいくと考えられるのである。

41

2. 組織間信頼の逆機能——組織論の観点から

　組織間信頼の形成メカニズムは，**図表2-1**のように循環し，信頼関係が強化されていくと考えられる。しかし，常に順調に循環するとは限らないであろう。協調することが利己的な動機に合致しなくなった場合，協調行動は不安定なものとなるため，組織間信頼に基づいた社会的秩序は不確実性が高いものとなるからである。また，組織間信頼は強ければ強いほどよいというわけではない。組織論の観点からは，組織間信頼の逆機能として，次の2点が考えられる。

　第1に，集団の凝集性である。凝集性が高い集団ほど，メンバーは集団の目標に向かって努力し，その生産性は，凝集性の低い集団よりも高くなる。また，集団の凝集性には，基準や規範に同調する者が多くなり，目的を達成しやすくなるという利点がある。しかし，他方で，集団からの逸脱が困難となり，メンバーの判断や行動について斉一性の圧力がかかりやすくなる。その結果，グループ・シンク，個人の自立性や創造性，イノベーションの制約などが起こりやすい。さらに，逸脱者に対して，仲間はずれにするといった制裁が加えられる可能性がある。

　第2に，ネットワークの閉鎖性である。ネットワークの閉鎖性には，ネットワーク間の結合が強くなり，組織間信頼が強化されるという利点がある。Coleman（1988），Bourdieu（1986）は，閉鎖的なネットワークが信頼を維持，強化するとし，緊密な，あるいは閉じたネットワークの必要性を指摘し

---

2)　なお，人質としての評判について，Milgrom & Roberts（1992）は，評判の価値は，取引頻度，取引継続期間，取引によってもたらされる利益に依存しており，「取引の頻度が多いほど，取引の継続期間が長いほど，取引の利益が大きいほど，評判を築き維持するインセンティブは大きくなる」（奥野ほか訳，1997，p.150）とし，評判の価値が裏切りによって得られる利益を上回るためには，関係が持続すると予想される期間が相対的に長くなければならないとする。

ている。

そうすると，たとえば，産業集積内で円滑な分業関係を進めていくにあたっては，閉じたネットワークの方が，情報の共有がしやすく，また，裏切られた場合に効果的な制裁を加えられるなどの点で，開かれたネットワークよりも組織間信頼を生み出しやすく，信頼関係が強くなるように思われる。しかし，他方で，Burt（1992）のいう「構造的空隙（structural hole）」やGranovetter（1973）のいう「弱い紐帯（weak ties）」の重要性も無視することはできない。構造的空隙とは，閉鎖性の高いネットワーク間に構造的に生じる「すきま」のことであり，そこに位置することによって，そうでなければ得られないような情報を手にし，よりよい社会資本へとアクセスしやすくなるとされる。そして，弱い紐帯には，自らと他のネットワークとをつなぐブリッジとなりやすく，自らのネットワークでは得られない情報がそれを通じて得られやすくなるという利点があるとされる。このことは，信頼研究において唱えられている，信頼の解き放ち理論（山岸，1998）——社会的不確実性を低減させるためにコミットメント関係を形成すると，他との関係でより大きな利益を得る機会をあきらめてしまうことになるので，機会コストが大きい場合にはコミットメント関係にとどまらない方がよいとする——と一致するように思われる。

第2節

組織間信頼の維持段階

前節（第1節1.）で提示した組織間信頼の形成メカニズムには，次のような問題があると考えられる。すなわち，このメカニズムは，各主体が自己利益を追求すると仮定する，いわゆる経済人モデルによるものであるが，Adam Smith（1789）も指摘しているように，自己利益の追求のみを目的として分

43

業に参加すると，「少ない労力や注意力で最大の利益獲得」が横行し，分業体制は崩壊してしまう。Granovetter（1973）も，人間は様々な社会集団の中に埋め込まれているため，自己の利益をそれらの集団の利益と調和させなければならないと指摘している。つまり，社会集団の中で自らの存在を維持していくためには，自己利益の追求のみでは限界があると考えられるのである。

　そうすると，自己利益の追求によって循環すると考えられていた組織間信頼の形成メカニズムは，組織間信頼を維持するという段階では，機能しなくなるのではないかという疑問が生じることになる。

　また，前章（第2節3.（4））でみたように，Lewicki & Bunker（1996）によれば，信頼は，打算型信頼から知識型信頼，一体型信頼へと発展していくとされる。このような立場からは，組織間信頼が形成された後，その形態が変化するのに対応して，組織間信頼の維持段階のメカニズムも，形成段階のメカニズムとは異なったものとなるように思われる。

　そこで，以下では，組織間信頼の維持メカニズムについて考察することにする。

　組織間信頼の維持については，Axelrod（1984）の反復囚人のジレンマが参考となる。囚人のジレンマは，もともとは，1回限りの，2人1組で互いに「協調」か「裏切り」のどちらかを選択するものであったが，その後，繰り返し何度も行う場合や3人以上で行う場合など，数多くの条件設定で研究が行われてきた。

　囚人のジレンマは，個々にとっては裏切りを選択した方が協調するよりも有利な結果が得られるが，双方が自己利益のみを求めて行動すると，双方が裏切りを選択し，その結果，双方が協調し合う場合に比べて損をしてしまうという状況である。すなわち，囚人のジレンマにおいては，裏切りという選択の方が，協調の選択に勝っているので，個々が合理的に行動すると仮定する限り，協調行動は達成されないことになる。

　しかし，Axelrod（1984）の反復囚人のジレンマでは，1回限りではなく，

第 2 章　組織間信頼の形成・維持の基礎的メカニズム

繰り返し何度も選択を行う場合が想定され，このような場合には協調関係が出現しうるとされる。すなわち，特定の相手との長期的な関係が存在すれば，一方的な裏切りの誘因が小さくなるとするのである。しっぺ返し戦略を適用した反復囚人のジレンマにおいては，最初は協調し，その後は相手が前の回に選択したのと同じ行為を選ぶということになる。Axelrod は，これによって協調関係の形成が可能であることを，コンピュータ・シミュレーションを用いて明らかにしている。

　上記の Axelrod（1984）の理論を支持するものとして，Yamagishi & Yamagishi（1994）は，特定の相手と長期間付き合うことによって，コミットメント関係が形成されるため，相手の人間性に関する情報が蓄積され，相手の行動の予測がある程度可能となるとする。コミットメント関係とは，短期的利益を逃すことになったとしても，同一の相手との関係を継続するという選択を互いにし合う関係のことである[3]。そして，コミットメント関係が形成されれば，結果的に，相手に対する愛着などが生じて，関係そのものが重要となり，関係を損なうような行動をとりにくくなると考えられる（山岸，1998）。

　以上のことから，組織間信頼の維持については，**図表 2-2** のようなメカニズムを導出することができる。

　まず，特定の相手と繰り返し取引を行う場合を想定する。このような場合には，一方的な裏切りの誘因が小さくなり，相手組織に関する情報が蓄積されて，相手組織の行動についての予測可能性が上昇する。また，コミットメント関係の形成によって相手組織に対する愛着などが生じ，その結果，組織間信頼が維持される。

3）山岸（1998）は，コミットメント関係を「やくざ型」と「恋人型」の 2 つに分類している。本書で扱うコミットメント関係は，社会的不確実性を低減させることを目的とし，固定した関係内部で，外部からの攻撃に対処するため，互いの利益を保証し合い，内集団びいきをし合う「やくざ型」コミットメント関係である。これに対して，「恋人型」コミットメント関係とは，心理学の分野で通常扱われる，互いの好意や魅力，忠誠心などによって支えられているコミットメント関係のことを指す。

45

図表2-2　組織間信頼の維持の基礎的メカニズム

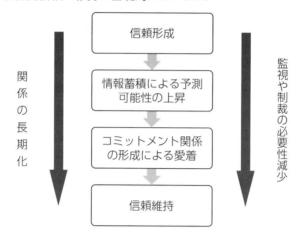

出所：筆者作成

　なお，関係が長期化するにつれて，相手組織の行動についての予測可能性が高まり，監視や制裁の必要性は徐々に減少すると考えられる。それ故，監視や制裁は，組織間信頼の維持の必要条件であるとはいえないと解される。

第3節

移行プロセス・モデル

　前々節（第1節1.）および前節では，組織間信頼には形成段階と維持段階があるとし，それぞれのメカニズムについて考察した。そこで，次に，組織間信頼の形成段階から維持段階へと，どのようなプロセスで移行していくのかについて検討することにする。

　前章（第2節3.(4)）でみたLewicki & Bunker (1996) の信頼の発展段階モデルは，信頼の形態が，打算型信頼から知識型信頼，一体型信頼へと発展

第2章　組織間信頼の形成・維持の基礎的メカニズム

していくというものであった。これは，相手についての情報がほとんどなく，ゼロから関係を築き上げていくことを前提としたモデルである。前章（第2節3.(1)～(3)）で述べたように，打算型信頼は，計算された自己利益に基づくものであり，契約を結ぶことなどによる，行動のコントロールあるいは抑止が問題となる。キーワードとしては，利己的行動，言行の一致，制裁のおそれ，人質の提供などが挙げられる。また，知識型信頼は，相手組織の行動が予測可能なことを根拠とし，相手組織について十分な情報がある場合に成立するものである。この段階となると，たとえ相手組織が一貫しない行動をとったとしても，関係が壊れることには必ずしもならない。キーワードとしては，行動の予測可能性，相手組織に関する情報収集，相互関係の反復などが挙げられる。そして，一体型信頼は，相手組織の願望や意図への共感などを根拠とするものである。キーワードとしては，相手組織への共感，信頼を維持しようとする行動，感情的な結びつきの強さなどが挙げられる。

　以上の3つの形態と前々節（第1節1.）および前節で提示した2段階メカニズムを合わせて考察すると，打算型信頼は，組織間信頼の形成段階で成立するものであり，知識型信頼および一体型信頼は，組織間信頼の維持段階で成立するものと解される。そして，前節で提示した組織間信頼の維持メカニズムのうち，情報蓄積による予測可能性の上昇は，知識型信頼に関わるものであり，コミットメント関係の形成による愛着は，一体型信頼に関わるものといえよう。

　組織間信頼の形成から維持へ，どのように移行していくのかを示したのが，**図表2-3**である。組織間信頼の形成段階では，打算型信頼が成立していると考えられる。これは，自己利益の追求を軸とした，短期的利益志向の段階であり，そこでは，経済的合理性が重視される。この場合，相手組織の行動についての不確実性が高く，監視や制裁による機会主義的行動の抑制がなされることになる。しかし，取引が回数を重ねることや時間の経過によって，組織間信頼は，長期的な関係を視野に入れた維持段階のものへと変化してい

47

図表2-3　組織間信頼の形成から維持への移行プロセス・モデル

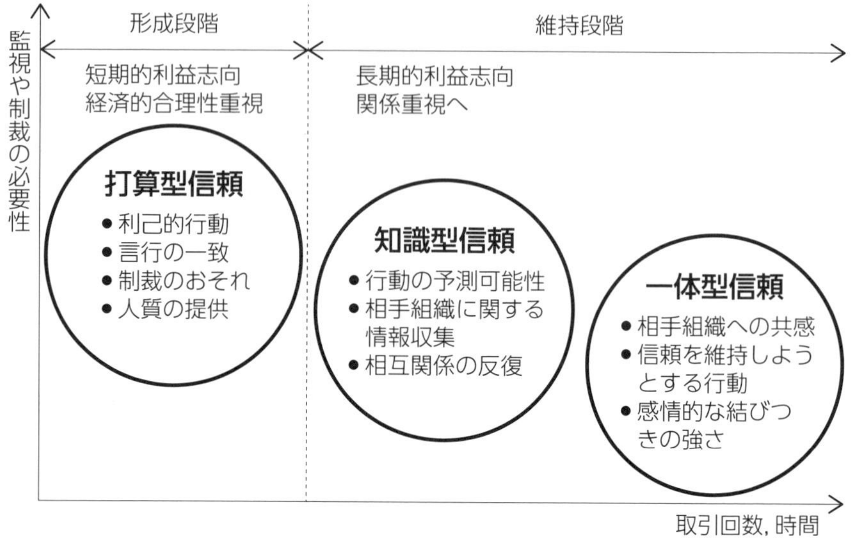

形成段階

維持段階

監視や制裁の必要性

短期的利益志向
経済的合理性重視

長期的利益志向
関係重視へ

打算型信頼
- 利己的行動
- 言行の一致
- 制裁のおそれ
- 人質の提供

知識型信頼
- 行動の予測可能性
- 相手組織に関する情報収集
- 相互関係の反復

一体型信頼
- 相手組織への共感
- 信頼を維持しようとする行動
- 感情的な結びつきの強さ

取引回数, 時間

出所：筆者作成

く。この段階では，相手組織について十分な情報があり，行動が予測可能なことを根拠とする知識型信頼，さらには相手組織との関係を継続するよう努める状態である一体型信頼が成立していると考えられる。

第4節

基礎的メカニズムの限界

　以上，取引が回数を重ねることや時間の経過によって組織間信頼は変化し発展するという捉え方のもとで，組織間信頼の形成段階と維持段階には3つの信頼の形態が存在するという移行プロセス・モデルを提示した。組織間信頼の形成に関しては，これまで様々な議論がなされてきたが，組織間信頼の

48

形成と維持の2段階に分けて考察するということは，ほとんど行われてこなかった。もっとも，本章で提示した組織間信頼の形成・維持のメカニズムには，以下のような限界がある。

第1に，それは，既存の経済学的な研究などから導き出されたメカニズムであるため，組織論的な性質に乏しい。

第2に，自己利益の追求を出発点として信頼形成がなされるとする形成メカニズムは，すべての組織間信頼の形成に適用することができるものではない。たとえば，産業集積において地域コミュニティが成立しているような場合には，自己利益の追求のみを考える groundedness アプローチでは，組織間信頼の形成を説明できないように思われる。

この点に関しては，社会関係資本論における bonding 型と bridging 型の違いということもできよう。bonding 型とは，血縁関係や民族的関係のような強い信頼関係と結びつきを持つ垂直的な社会関係であり，bridging 型とは，架け橋的な緩やかな信頼とつながりで結びついている水平的な社会関係である。この型の違いによって，コミュニティ内で築かれる信頼関係も変わってくるであろう。Luhmann（1973）もいうように，慣れ親しんでいるからこそ信頼するという見方もありうる。そのような場合には，組織間信頼を形成しようという動機は，自己利益の追求ではなく，むしろ，組織間の関係から生じるように思われる。前章（第1節2.）でみたように，先行研究においても，信頼の根拠には，打算的な合理性に基づくものと，そうでないものの双方が含まれるということが示唆されている。

第3に，前章（第1節3.）で述べたように，組織間信頼は，個人間と組織間という2つの次元で分かれながらも相互に連関しながら発展していくものであるとする本書の立場からは，組織間信頼について考察するにあたっては，個人間信頼と組織間信頼の2つの検討が必要であるということになる。

次章以降では，これらの限界を踏まえて，経済的合理性のみでは説明のつかない組織間信頼について考察することにする。

第 **3** 章

経済的合理性のみでは
説明のつかない
組織間信頼

前章では，組織間信頼の形成・維持の基礎的メカニズムについて考察した。
このメカニズムの限界を踏まえて，本章以下では，経済的合理性のみでは説
明のつかない組織間信頼について考察することにする。このような信頼とし
ては，①取引関係が長期となって相手組織に関する情報が増え，相手が何を
望んでいるのかがある程度分かるようになった場合に成立するものと，②縁
故に基づく信頼という2つのタイプがあると考えられる。

　本章では，②に関する先行研究をみた上で，それは組織と組織との間にど
のような関係があれば成立するものであるのかについて，社会的アイデンティ
ティ理論を用いて説明し，本書で扱う縁故に基づく信頼の範囲を限定するこ
とにする。

第 **1** 節

縁故に基づく信頼

1. 経済的合理性のみでは説明のつかない組織間信頼

　先行研究で議論されてきた，経済的合理性のみでは説明のつかない組織間
信頼には，2つのタイプがあると考えられる。

　第1は，取引関係が長期となって相手組織に関する情報が増え，相手が何
を望んでいるのかがある程度分かるようになった場合に成立するものである。
これについては，高次の信頼として，アイデンティティやアイデンティフィ
ケーションの観点から議論がなされており，他者の願望と意図を自らのもの
として内面化していること（Shapiro, 1987; Lewicki & Bunker, 1996;
Sheppard & Tuchinsky, 1996; Maguire et al., 2001），共通のアイデンティ
ティを形成していること（Lewicki & Bunker, 1996; Maguire et al., 2001），

あるいは近接性と価値観を共有していること（Shapiro et al., 1992）などが，この信頼の背景にあると論じられている。すなわち，相手組織の望むことや意図していることを理解して行動するようになったり，相手組織の行動が予測でき，相手組織が裏切らないという確信を持つようになったりすることで，この信頼が成立するとされる。

　第2は，組織と組織が類似した属性（社会階層，地域，国籍，人種など）を有する場合や，特定のクランやネットワークに所属している場合などに成立するものである。たとえば，「第3のイタリア」のようにカンパニリズモ（Campanilismo（郷土主義））によって支配されている産業集積においては，家族であること，血縁関係にあること，同郷であることが重視されており，外部から参入して信頼関係を築くことは非常に難しいとされる。このような家族的，民族的背景を持つことに起因する人々の結びつきをベースとする信頼を，Zucker（1986）は，「特性に基づく信頼（characteristic-based trust）」と呼んでいる。また，真鍋・延岡（2003a）は，特定のクランやネットワークに所属していることが信頼の源泉となっている場合について論じ，そのような信頼を「関係的信頼」と名づけている。「信頼できる合理的な根拠や証拠がまったくなくても，旧来の友人だから信頼するという場合」（p.2）の信頼が，これに該当する（真鍋・延岡, 2003b）。

　以下では，第2のタイプの組織間信頼を「縁故に基づく信頼」と名づけ，考察することにする。

2. 縁故に基づく信頼

　組織間に事前に経済的関係や社会的つながりがある場合には，見知らぬ者同士の場合よりも，より迅速に，効率的に協調的な組織間関係が発展する傾向にある（Galaskiewicz & Shatin, 1981; Ring & Van de Ven, 1994）。組織間

に事前に継続的な関係がある場合には，互いについて一定の信頼性が認められるため，組織間信頼が形成されやすい（Gulati, 1998）といった指摘がなされている。Nooteboom（2002）も，機会主義的行動の抑制によって組織間信頼を説明することには限界があるとして，「善意の信頼（benevolence / goodwill trust）」に注目しており，取引パートナーの特性，過去の経験，血縁関係，友情あるいは評判に基づく組織間信頼があるのではないかとしている。

Bachmann（2010）は，組織間信頼の種類や質は国や地域的な文脈によって異なり，組織間信頼の形成のプロセスは特定の環境に強く，深く根づいていると指摘している。この点で，組織間信頼に影響を及ぼす要因として，Zaheer & Harris（2005）は，①文化的なもの，②地域的なもの，③制度的なものを挙げているが，このうち，①や②が重要であることを示唆する研究は多い（Gulati & Singh, 1998; Sako, 1998; Nooteboom, 2002; Child & Möllering, 2003; Dyer & Chu, 2003; Zaheer & Harris, 2005; Dietz et al., 2010; Saunders et al., 2010; Migheli, 2012）。たとえば，Zaheer & Harris（2005）は，文化や地域の違いが信頼に影響を及ぼすとし，取引相手が異なる文化や民族的起源を持っているとすれば，信頼形成のプロセスや信頼の根拠，信頼形成にかかるコストが著しく異なってくるとする。同様に，Gulati & Singh（1998）も，組織と組織が同じ国にある場合とそれぞれが異なる国にある場合では，同じ国にある場合の方が，戦略的提携における組織間信頼が形成されやすいと結論づけているし，Child & Möllering（2003）は，文化的類似性と組織間信頼には正の関係があり，文化的な背景が類似していれば組織間信頼が生まれやすいとしている。Freeman（1990）は，言語，教育的背景，地域的ロイヤリティ，イデオロギーや経験の共有といった文化的要因が，協調関係において重要な役割を果たしているとする。

Gargiulo & Ertug（2006）は，信頼は，一定の類似した属性を有する行為者間で出現する可能性が高いと指摘している。Zucker（1986）のいう特性に

54

基づく信頼は，家族，地域，宗教，民族などの社会的類似性を根拠としたものである。Ouchi（1980）のいうクランなども，この社会的類似性に当たるといえよう。また，延岡・真鍋（2000）によれば，関係的信頼は，社会的関係性に強く影響を受け，何らかの理由から特別な関係にあると判断し，その関係を背景にすることではじめて生じるようなタイプの信頼であるとされる。

　しかし，関係的信頼の特徴として，ⓐ長期的な関係継続を考えていることに対する期待，ⓑ共存共栄を考え，非利己主義的であることに対する期待，ⓒ取引関係以上の仲間関係の認識があることに対する期待が挙げられ，運命共同体として発展していくための価値観の共有がある場合が多いとされていること（延岡・真鍋，2000）から，組織間に事前に一定の関係があるというだけでは関係的信頼は成立しないということが示唆されているといえよう。

　さらに，酒向（1998）は，経済的合理性のみでは説明のつかない組織間信頼として位置づけられる善意に基づく信頼について，「能力に対する信頼を築く過程および将来的な契約を遂行する予測において求められる，取引パートナー同士の頻繁な相互作用ならびに技術的，商業的情報の開示によって」（p.107）生み出されるものであるとする。善意に基づく信頼は，相手組織が公正であるということや機会主義的行動をとらないということに基づくものであり，その成立要件については，第1章（第2節3.（3））でみたように，次のような説明がなされている。すなわち，善意に基づく信頼が成立するためには，非限定的なコミットメントや相互性に関する特別な規範（規範的基準）が存在していなければならず，友人のような自らがよく知っている者との間や類似した属性を有する集団内では共有化された価値観（規範的価値観）が存在するかもしれないが，それだけでは善意に基づく信頼が成立しているとはいえない。つまり，経済的合理性のみでは説明のつかない組織間信頼が成立するためには，組織と組織との間に事前に一定の関係があるというだけでは十分でないと考えられるのである。

　以上のように，縁故に基づく信頼とは，リーダー同士が友人あるいは知り

合いであることや，社会的なつながり，感情的な結びつきといった，一定の関係があることを前提として形成されるものであり，経済的合理性のみでは説明のつかないものといえよう[1]。もっとも，前述のように，組織間に事前に一定の関係があるというだけでは縁故に基づく信頼は成立しないとするならば，次の2点について検討する必要があるように思われる。すなわち，㋐縁故に基づく信頼はどのような関係があれば成立するのか，そして，㋑縁故に基づく信頼の形成要因は何かである。

このうち，㋐については，社会的アイデンティティ理論の観点からの説明が可能であると考えられる。そこで，次節では，社会的アイデンティティについて概観した上で，縁故に基づく信頼はどのような関係があれば成立するのかを検討し，本書で扱う縁故に基づく信頼の範囲を限定する。また，㋑については，次章で取り上げることにする。

第2節

組織間信頼と社会的アイデンティティ

1. 社会的アイデンティティの捉え方

それでは，縁故に基づく信頼は，どのような関係があれば成立するのであろうか。前節（第1節1.）でみたように，経済的合理性のみでは説明のつかない組織間信頼には2つのものがあり，そのうちの第1のタイプについては，高次の信頼として，アイデンティティやアイデンティフィケーションの観点

---

1) 先行研究として，本文で挙げたもの以外に，Doney & Cannon (1997); Jarvenpaa & Leidner (1999); Nicholson et al. (2001); Duffy & Ferrier (2003) などがある。

から議論がなされている。しかし，アイデンティティの中でも，社会的アイデンティティが信頼の形成に関わっているという見解もある（e.g. Kramer, 1993）。社会的アイデンティティという概念は，Tajfel & Turner（1979）によって提唱されたもので，価値や感情的な意味づけをともなう1つあるいは複数の社会集団のメンバーであるという知識から得られる，個人の自己概念の一部と定義される（Taylor & Moghaddam, 1994）。すなわち，社会的アイデンティティは，自らを何らかの集団や社会的カテゴリー──国，人種，性別，民族，宗教，職業など，様々なものが含まれる──の一員として位置づけるところから，その形成が始まると考えられている（山岸，2009）。

　社会的アイデンティティ理論の特徴は，集団という観点から集団間関係の説明を試みたものであり，対人過程と集団過程を異なるものと捉え，集団過程は対人過程からは説明できないとする点にある（Taylor & Moghaddam, 1994; Hogg, 1992）。このことから，社会的アイデンティティ理論は，ある集団とそれに属しているメンバーとの関係をみるのに適しているとされる。そのため，この理論は，組織と組織が類似した属性を有する場合や，特定のクランやネットワークに所属している場合の組織間信頼の形成メカニズムを明らかにする手掛かりとなると考えられる。

　社会的アイデンティティ理論は，個人はポジティブな社会的アイデンティティの獲得に向けて動機づけられている──ポジティブな社会的アイデンティティが得られる集団への所属を望む──と仮定するところから始まる。そして，自らにとってポジティブな社会的アイデンティティの多くは，自らの所属する集団とは別の集団（外集団）との比較によって獲得され，内集団に有利な比較をする内集団びいき（in-group favoritism）が生じるとされる（岡本, 2010）。

　本書は，組織も人と同じく社会的アイデンティティを持ちうるものであるという立場をとる。このような立場からは，社会的アイデンティティを獲得している組織の場合，自らと同じ社会的カテゴリーの中で同様の社会的アイ

デンティティを獲得している組織について内集団びいきが生じることから，組織間での信頼関係が成立する——すなわち，社会的アイデンティティが組織間信頼の形成要因となる——と考えられる。

2. 組織間信頼と社会的アイデンティティ

　社会的アイデンティティ理論は，人がポジティブな社会的アイデンティティを得られる集団への所属を望むのを前提としている。そうすると，社会的アイデンティティが組織間信頼の形成に関わるとするならば，類似した属性を有する組織と組織であり，かつ，その所属に対して，それぞれがポジティブな社会的アイデンティティを獲得している，あるいは獲得しようとしている場合に，考察の対象は限定されることになる。

　先行研究には，信頼とアイデンティティとの関係に注目するものがある。すなわち，アイデンティティは高次の信頼を形成するために不可欠なものである（Child et al., 2005），信頼は共通のアイデンティティを有する人々の間で形成される（Child, 2001），信頼とアイデンティティは相互補完関係にある（Zhang & Huxham, 2009），ネットワークに属するメンバー間の信頼構築にアイデンティティの確立が重要な役割を果たす（真鍋・延岡, 2003b）といった主張がなされているが，アイデンティティが信頼の形成・維持にどのような影響を及ぼすのかは，明らかにされていない。また，そこでいうアイデンティティとはどのようなアイデンティティであるのかも，明確でない。

　前述のように，社会的アイデンティティが組織間信頼の形成に関わるとするならば，それは，たとえば，個々の組織が，もともと同一の産業集積地に属していて，それによって自らにとってポジティブな社会的アイデンティティを獲得していると認知できているような場合に限られるように思われる。すなわち，社会的アイデンティティ理論によれば，個々の組織は，自らに

とってポジティブな社会的アイデンティティを獲得しようとする動機を持っており、その社会的アイデンティティを付与している社会的カテゴリーに属する他の組織に対して、内集団びいきが起こるということになろう。なぜ内集団びいきが起こるかということについて、Tajfel et al.（1971）によって行われた最小条件集団の実験では、メンバー間の相互作用が一切ない状態であっても、同じ集団のメンバーに対してはひいきの態度をとることが示されている。これは、たとえ社会的ジレンマに直面したメンバー同士であっても、同じ集団であるという意識を持つと集団内での協調行動が促進されるということである（Brewer & Kramer, 1986）。

　信頼研究においても、Gargiulo & Ertug（2006）は、内集団びいきの概念を用いて、信頼が同一の社会的カテゴリー内で生じやすいと論じているし、McKnight et al.（1998）は、同一の社会的カテゴリーのメンバーである個人が、目標や価値を共有し、互いについてポジティブな知覚を持ちやすいことを指摘し、それがグループのメンバーをより信頼しやすい状態とするとしている。また、山岸（1998）は、妥当性のありそうな理由がまったくない中で、特定の社会的カテゴリーに属する人を信頼するというものを、「ステレオタイプに基づく信頼」と名づけている。

　もっとも、組織が自らにとってポジティブな社会的アイデンティティを獲得しようとするということから、それは、組織間信頼の形成のみならず、維持にも関係しているとみることができるように思われる。

　また、社会的アイデンティティとの関係では、同じ共同体や社会に属しているという一体感を育てるという再カテゴリー化を組織間で行うことで、組織間信頼が形成または維持されるとも考えられる。この点については、第5章において改めて検討する。

第 **4** 章

組織間信頼の
形成要因

本章では，縁故に基づく信頼[1]の形成要因について考察する。まず，組織間信頼の形成において個人間信頼はどのような役割を果たすのかという問題を取り上げる。そして，組織間信頼の出発点は異なる組織に属する個人と個人との間の信頼であると仮定し，2つ以上の異なる組織の間で境界を越えてそれらを結びつける役割を果たすとされる境界連結者について検討する。次に，近年注目されている制度と信頼との関係について，新制度派組織論の観点から分析する。その上で，これまで信頼に関わるとされてきた制度とは規範であると考えられることから，規範が組織間信頼の形成においてどのような役割を果たすのかについて考察することにする。

第1節

個人間信頼

1. 組織間信頼の形成における個人間信頼の役割

第1章（第1節3.）で述べたように，本書は，組織間信頼を組織と組織との関係と，組織に属する個人と個人との関係が相互に連関するものと捉える。しかし，先行研究には，これらの双方を問題とするものはほとんどみられない。また，そもそも，組織間信頼の研究の多くは，──組織間信頼を個人間信頼と同一視するという立場，あるいは組織の中の特定の個人と個人との間の信頼に注目するという立場から──単に個人レベルの用語やロジック

---

[1] 本章以下で「組織間信頼」というときは，基本的に，縁故に基づく信頼を指す。ただし，先行研究との関係で組織間信頼という場合は，縁故に基づく信頼のみを指すわけでは必ずしもない。

を組織レベルに適用しているだけであるという批判もなされている（Janowicz-Panjaitan & Noorderhaven, 2006）。そこで，本節では，個人間信頼が組織間信頼の形成にどのような影響を及ぼすのかについて検討する。

組織的文脈における個人間信頼の研究は，これまで多くなされてきた（Zaheer & Harris, 2005）。しかし，たとえば，Zaheer et al.（1998）は，組織に属する個人は相手組織に対する志向を共有するかもしれないが，信頼は個人の中にその基礎を持つという見方をとっている。このような立場からは，組織間信頼とは，相手組織に対して組織のメンバーが集合的に抱く信頼志向であり（McEvily & Zaheer, 2006），個人間信頼とは異なるものではあるが，組織が組織を信頼するというものではないことになろう（Zaheer & Harris, 2005）。

組織間信頼を個人間信頼とは異なるものと捉えるという立場からは，組織に属する個人と相手組織に属する個人との間の相互作用の中で現れる信頼の問題は，脇に置くというのが基本的前提とされてきたといわれることもある（Gulati & Sytch, 2008）。しかし，組織間関係論においても，ある組織に属する個人と他の組織に属する個人が知り合いであるといった個人レベルでの関係のあり方が組織間関係に影響を及ぼすことは無視できないとされており（山倉, 1993），組織に属する個人と個人との関係が組織間信頼に関わっていると考えられる。また，中小企業などの組織間信頼に関する研究においては，組織間信頼は組織に属する個人と個人との間の信頼と強く結びついているとされる（Howorth et al. 2004; Zaheer & Harris, 2005）。さらに，Schilke & Cook（2013）は，組織間信頼の研究においては，従来，個人レベルの分析と組織レベルでの分析とが別々に行われており，2つのレベルを統合したり，結びつけたりして分析をしたものはほとんどみられないと指摘しつつ[2]，2つのレベルの相互の関連について論じ，それらを同じ概念枠組みで結びつけようと試みている。

そこで，次項以下では，組織間信頼の出発点であると考えられる個人レベ

ルの信頼（個人間信頼）について考察した上で，それがどのように組織レベルの信頼へと「転換」していくのかを検討することにする。

2. 境界連結者の捉え方

　組織間信頼の形成に関わる個人間信頼という場合，具体的には誰と誰との間の信頼かというと，境界連結者（boundary spanner）間のそれであると考えられる（Zaheer et al., 1998; 若林, 2006; Gulati & Sytch, 2008; Schilke & Cook, 2013）。

　境界連結者が組織間信頼との関係で果たす役割の重要性を指摘する研究は多い（e.g. Currall & Judge, 1995; Williams, 2002; Perrone et al., 2003; Gulati & Sytch, 2008; Schilke & Cook, 2013; Qi & Chau, 2013; Van Meerkerk & Edelenbos, 2014）。たとえば，Gulati & Sytch（2008）によれば，組織間信頼は，組織間の相互作用の積み重ねだけでなく，境界連結者間の相互作用の積み重ねに起因しうるとされる。

　組織間関係論においても，境界連結者間の結びつきが組織間関係に重要な役割を果たしているとするものがある（Seabright et al., 1992）。Macaulay（1963）は，境界連結者という語は用いていないものの，組織間関係における人的関係の重要性を指摘しており，人的関係が発展することによって契約や法的制裁といった手段に訴える必要性は減少するとしている。同様に，Bradach & Eccles（1989）も，経済的取引が人的関係の中に埋め込まれている場合には，機会主義的行動が抑制されるとしている。また，境界連結者の

---

2) もっとも，たとえば，Currall & Inkpen（2006）は，多様なレベル（個人間，集団間，組織間）で信頼を捉えることを試みており，信頼は時間の経過とともにレベル間において共進化すると説いている。

64

行動が組織間関係を形成し，修正すると論じるものもある（Ring & Van de Ven, 1994）。

　境界連結者が果たす役割の重要性についてはじめて明確に述べたのは，Thompson（1967）である。Thompson は，境界連結の担当部門（boundary-spanning components）は，組織とは独立に行動する環境の要素主体への対応を行うために設けられたもので，組織と環境との接点に位置しており，組織がコントロールできない制約条件やコンティンジェンシー要因を調節する役割を果たしているとする。Thompson の議論は，組織内の境界連結についてのものであったが，その後，組織間関係論において，Adams（1976）は，境界連結者（boundary role persons）の役割について論じているし，Aldrich & Herker（1977）は，2 つ以上の異なる組織の間で境界を越えてそれらを結びつける役割を果たす者を境界連結者（boundary spanning personnel）と捉えている。佐々木（1985）は，境界連結単位（boundary spanning units）という語を用い，「自ら所属する組織の諸制約と他組織からの要求や要請のはざまで一定の行動を確保しながら，自らの組織を他の諸組織に機能的に関連づける境界連結活動（boundary spanning activity）を行っている」（p.193）とする。また，境界連結者は，組織間関係の実行とマネジメントに最も関係がある個人であり（Schilke & Cook, 2013），コミュニケーションと監視に重要な機能を果たしているとされる（Perrone et al., 2003）。さらに，境界連結者は，組織内・組織外の境界に位置し，組織内・組織外の双方と強いつながりを持ち（Tushman & Scanlan, 1981a），他の組織との連結機能や境界維持機能を果たすため，他の組織に対して影響力を行使しうるとも説かれている（山倉，1993）。

　Aldrich & Herker（1977）は，境界連結者が果たす役割として，①情報を処理することと，②組織の代表として外部と交渉を行うことを挙げている[3]。このうち，①は，外部から組織に入ってくる情報が過多とならないよう，境界連結者が情報を要約，解釈する機能を果たしているということである。

Dodgson（1993）は，境界連結者は，情報を生成し，伝達し，フィードバックを行う，組織において不可欠な要素であるとしている。また，Tushman & Scanlan（1981b）によれば，境界連結者は，外部から情報を獲得し，その情報を内部の者に広めるという2段階のプロセスを経なければならないとされる。他方，②については，境界連結者は，いわば組織の顔となり，外部に対して組織の選好，ニーズ，信念，規範などを示し，組織の目標と一致するような印象を創り出すというインプレッション・マネジメントの役割を果たすと同時に，相手組織の選好，ニーズ，信念，規範などに関する知識を持っていなければならないとされる（Adams, 1976）。

　以上のことから，境界連結者とは，組織間関係において組織の境界に位置し，情報の探索，収集，処理という役割を果たし，相手組織との連結機能を担うとともに，相手組織の脅威から組織を防衛する境界維持という機能を担う者であるということができる（山倉，1993）。

　それでは，具体的には誰がこのような境界連結者に当たるのであろうか。この点について，従来の議論では，トップ・マネジメントから営業，人事等の職能別の担当者など，様々な者が挙げられてきた。しかし，境界連結者は，前述のように，相手組織の選好，ニーズ，信念，規範などについての知識を持ち，それらについて敏感に対応できる者であること，組織の顔としての機能を果たす者であること，また，組織の他のメンバーとは，心理的，組織的，物理的に異なる特徴を有している者であること（Adams, 1980）から，組織のトップ・マネジメントに関わる人物に限定されるように思われる。

3）これに対して，Adams（1980）は，ⓐインプットとアウトプットの処理，ⓑインプットとアウトプットのフィルタリング，ⓒ情報の探索と収集，ⓓ組織を代表すること，ⓔ外部の脅威と圧力から組織を守り，緩衝となることの5つを挙げている。また，佐々木（1985）は，境界連結者が果たす役割として，以上の他に，組織間調整機能があるとする。この機能は，組織間にコンフリクトが存在し，公式の権限構造が存在していない組織間領域において，複数の組織が共同意思決定をしようとするときに重要であるとされる。

3. 組織間信頼の形成における境界連結者の役割

　それでは，組織間信頼の形成において境界連結者はどのような役割を果たしていると考えられるであろうか。前項でみたように，境界連結者には，外部から情報を獲得し，その情報を内部の者に広めるという機能があるとされる。Schilke & Cook（2013）も，組織間信頼の形成は，境界連結者が相手組織に関する評判や情報といった信頼性に関する手掛かりを集めてくるところから始まるとする。そして，境界連結者間の個人間信頼が形成され，協力関係が築かれていくにつれて，個人間信頼は相手組織に対する信頼，さらには組織間信頼へと発展すると説く。また，相手組織に対する信頼は，境界連結者の，相手組織の境界連結者は信頼できるという認識を基礎としているとする。

　Gulati & Sytch（2008）は，境界連結者間の相互作用の積み重ねから組織間信頼が発展するメカニズムについて，境界連結者間の相互作用の積み重ねは，直接，組織間信頼を促進するという考え方もありうるとする。これは，たとえば，従業員の少ない組織であれば，支持することができよう。しかし，以下では，基本的に，Schilke & Cook（2013）のような考え方に依拠し，**図表 4-1** で示すように，組織間信頼の形成は，①境界連結者と相手組織の境界連結者との間で個人間信頼が形成されるところから始まり，その後，②境界連結者の相手組織に対する信頼，そして，③組織間信頼が形成されると仮定して，考察を進めることにする。

　個人間信頼から組織間信頼への転換（②から③への部分）には，境界連結者が，まず，相手組織を信頼し，次に，相手組織が信頼できるということを組織のメンバーに伝え，その後，そのような理解が当該組織内に浸透していくというプロセスがあると考えられる。それでは，その転換には，何が関わっているのであろうか。次節では，個人間信頼が組織間信頼へと転換して

図表 4-1 境界連結者の役割

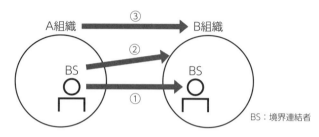

出所：筆者作成

いくのに制度が関わっているのではないかとして，制度について検討することにする[4]。

第2節

制度

1. 組織間信頼の形成と制度についての議論

組織間信頼の研究において，制度の問題は，集合的あるいは長期的な信頼志向を前提として論じられてきたが，正面から取り上げられて分析されることは，従来，多くはなかった（Zaheer & Harris, 2005）。他方，信頼研究にお

---

4) なお，先行研究においては，個人間信頼から組織間信頼への転換について，制度化パースペクティブを用いた説明も試みられている（Zaheer et al., 1998; Kroeger, 2012; Schilke & Cook, 2013）。たとえば，Kroeger（2012）は，個人間信頼と組織間信頼とを結びつけ，仲介するメカニズムとプロセスがどのようなものであるのかを明らかにする手掛かりとして，制度化パースペクティブが適しているとする。

68

いては，「制度に基づく信頼（institution-based trust）」についてある程度の
議論の蓄積がある（Zucker, 1986; Oomsels & Bouckaert, 2014; Bachmann &
Inkpen, 2011）。たとえば，Zucker（1986）は，信頼を，プロセスに基づくも
の（「プロセスに基づく信頼（process-based trust）」），特性に基づくもの，制
度に基づくものの3つに分類して，制度に基づく信頼の重要性を説いている。
すなわち，制度に基づく信頼は，フォーマルな社会構造と結びついており，
①個人あるいは組織に特定的な信頼と，②仲介メカニズムへの信頼という2
つのタイプのものがあるとする。①は，弁護士や会計士といった専門性に対
するものであり，②は，官僚制や銀行システム，規則などに対するものであ
る。Zucker によれば，社会が近代化するにつれて，信頼が制度的なものに依
拠する比重が増えていくとされる。

　制度に基づく信頼に近い概念として，Luhmann（1973）のいう「システム
信頼（Systemvertrauen（system trust））」がある。これは，あるシステム
が機能していることに向けられるものである。Luhmann は，システム信頼
は，一定の相互行為の中で形成されるものであり，心的なシステムの形成と
社会的なシステムの形成の双方の影響を受けるとする。

　そして，近年では，信頼と制度との関係は信頼研究において最も重要な
テーマの1つであるという認識が一般化しつつあるといわれている
（Bachmann & Inkpen, 2011）。しかし，従来，一般的には，制度は信頼の形
成において重要な役割を果たすことはないと考えられてきた。

　この点について，Bachmann & Inkpen（2011）は，従来，信頼は「信頼す
る側」と「信頼される側」という個人と個人との間で生じるミクロレベルの
現象と捉えられてきたため，制度のようなマクロレベルの要因は2者間の関
係の発展や質にとって重要なものとは解されてこなかったと指摘している。

　もっとも，組織間信頼の研究においては，制度が組織間信頼の形成に重要
な影響を及ぼしていると説くものがみられる。Lane & Bachmann（1996）は，
組織間信頼の形成に法律や同業組合といった制度が重要であるとしている

し，Child & Möllering（2003）は，中国本土で事業を行っている香港の企業に対する調査を通じて，制度が信頼形成に影響を及ぼしていることを明らかにしている。そして，こんにち，制度が組織間信頼の形成において一定の役割を果たしているということは，広く認められているとされる（Sydow, 2006）。

　組織間協力における信頼関係は，「制度的信頼」をベースとして，日常的な協力に関する社会ネットワークにおける相互作用によって発達する面を持つとされる（若林，2006）ように，制度には，行動を調整し，制約する側面がある一方で，行動を促進する側面もある。すなわち，制度には社会的なアフォーダンス[5]が備わっており，個人，組織が行為をすることを誘発している――制度によって，信頼がしやすい状況が生まれている――ということができるように思われる。池田ほか（2010）も，ボランタリー組織において，規約や内規といったものを通じて水平的な意思決定の仕組みが創り出され，メンバーの参加意識が高められるという例を挙げて，「参加しやすさという社会的誘因」が制度によって創られるとしている。さらに，第1章（第2節 1.）でみたように，山岸（1998）は，社会的不確実性が存在している状況でしか信頼は意味を持たないとし，不確実性に対処するための方法には，ⓐ主観的に不確実性を低減させるという方法と，ⓑ不確実性そのものの存在を客観的に除去するという方法があるとしている。そして，ⓑは，利己的行動が自らに不利益な結果をもたらす仕組みを特定の関係の中に組み込むといったもので，経済的な取引関係などの場合に頻繁に用いられる方法であるとされるが，制度は，まさに組織間に存在する不確実性を客観的に除去する仕組みであるといえよう。

---

5) 佐々木（2000）によれば，アフォーダンスとは，Gibson（1979）が "afford" の語をもとに創り出した概念であり，環境の側に備わった属性が，その環境に身を置く者に対して潜在的な価値や意味を提供していることを指すとされる。

しかし，制度の捉え方は，論者によって，また，扱う対象によって様々であり，そこには混乱もみられるように思われる。制度の意味合いは，どの部分に焦点を当てるかによって変わってくるのである。この点で，Bachmann & Inkpen（2011）は，新制度派組織論の観点から信頼を捉えることで，制度に基づく信頼の役割についての重要な洞察が得られるとしている。そして，制度は，信頼の基盤であり，共有化され，所与のものと捉えられる知識を創出することによって，信頼を促進する重要な役割を果たすとするのである。

本節の目的は，制度が組織間信頼の形成要因となっているのではないかという仮説のもとで，組織間の信頼形成に関わる制度の意義を明らかにすることにある。そこで，次項以下では，組織論の観点から，組織間信頼の形成に関わる制度とはどのようなものと捉えられるのかについて検討することにする。

2. 新制度派組織論における制度の捉え方

組織論において，組織の制度的な側面に注目した研究は，制度派組織論として論じられてきた。制度派組織論は，組織論に価値的なものを取り込んだ研究として認識されてきたが，特に新制度派組織論において，様々な理論的混乱やミスリードが生じていると指摘されている（松嶋・浦野，2007；Greenwood et al., 2008；井上，2011）。このような混乱の背景には，制度について，論者によって様々な定義がなされてきたことがある。

本項の目的は，組織論の観点から制度をみた場合，制度という概念が意味するものは何かを明らかにすることにある。ここで概念整理を行うことで，先行研究で注目されている制度のうち，組織間信頼の形成要因となるものは何かを特定する手掛かりが得られると考えられるからである。そこで，制度派組織論，特に新制度派組織論から制度を捉えることを試みる。

しかし，新制度派組織論については，前述のように，様々な理論的混乱や
ミスリードが生じているとの指摘があることから，以下では，1990年代まで
の新制度派組織論の捉え方と2000年代以降の捉え方とに分けてみていくこと
にする。

(1) 1990年代までの新制度派組織論

1990年代までの新制度派組織論は，制度をある集団や社会の中で自明視さ
れた文化的規定と捉え，社会的な規範が社会全体や特定の集団に信奉され，
組織構造，組織プロセス，組織のメンバーの認識や行動に影響を及ぼしてい
る事実そのものを研究対象としてきた（佐藤・山田，2004）。

Scott（2008）によれば，制度とは，「社会的行動に安定性と意味を与える
認知的，規範的，規則的な構造と諸活動からなり」，「文化，構造，ルーティ
ンといった様々な媒介を通じて伝播し，複合的な範囲で機能するもの」
（p.33）であるとされる。そして，規則的側面，規範的側面，認知的側面とい
う「3つの支柱（three pillars of institutions）」から構成されるものと捉えら
れている。規則的側面では，ルールの設定，監視，制裁といった活動が重視
され，強制力や利己主義がその主要な要素となる。規範的側面では，価値観
と規範が重視され，これによって，目的や目標が規定されるだけでなく，そ
の遂行のための適切な方法が示される。そして，認知的側面では，共有概
念，意味を形成する認知的枠組みが重視される。

1990年代までの新制度派組織論は，単一の組織を問題とする旧制度論とは
異なり，類似した組織個体群（産業，部門，地域など）の制度化を問題とし
ている。この理論は，同じ組織個体群に属する組織の構造や行動様式，規則
などがなぜ類似するのかという問題を制度化という視点を導入して検討する
ものであり，制度化されたルールが組織間の相互作用の中で生成されると捉
えている。上記の3つの支柱は，このような組織群に類似性をもたらす重要

なものと解されている。そして、制度化されたルールの生成の場は、組織フィールドという同業他社、供給業者などの「制度的な領域を形成する組織の集合」（大月ほか、2001, p.221）内に限定され、その中でルールが生成、普及し、正統性と相互主観性を獲得して、組織フィールドの組織が同型化するという、制度的同型化の議論がなされている。同型化とは、同じ組織フィールド内で組織が同質化すること、あるいは似通った特徴を有するようになることである。DiMaggio & Powell（1983）は、同型化をプロセスと捉え、組織フィールドの中で機能する同型的組織変化として競争的同型化と制度的同型化を挙げている。競争的同型化は、個体群生態学が扱うメカニズムであり、環境の機能的適合を強調したものであるのに対し、制度的同型化は、正統性を示した組織が環境から選択されるというものであり、文化的、社会的な適合を強調したものである。制度的同型化はさらに、強制的同型化、模倣的同型化、規範的同型化という3つのメカニズムに分かれる。強制的同型化は、法的規制にみられるように、組織が依存している組織や社会の文化的期待によって行使されるフォーマルあるいはインフォーマルな圧力の結果として生じるものである。また、模倣的同型化は、不確実性への標準的な反応から生じるものである。つまり、不確実性を回避するために、他の組織をモデルとすることなどによって、同型化が生じる。そして、規範的同型化は、専門的職業化から生み出されるものである。専門的職業化は、ある職業の従事者が自ら仕事の条件や方法を規定し、生産者の製品をコントロールし、職業的自律性のための認知的基盤と正統性を確立するための集団的な戦いであるとされる。

(2) 1990年代までの新制度派組織論と組織間信頼

　以上の議論をもとに組織間信頼についてみてみると、Scott（2008）が挙げた3つの支柱のうち、規則的側面は、第1章（第2節3.（1）～（3））で挙げ

た組織間信頼の形態のうち，打算型信頼が持つ特徴と類似していると考えられる。打算型信頼では，相手組織が自己利益の追求を最優先するため，機会主義的行動をとる可能性があり，そのような行動を抑制するための制裁が組織間に必要とされる。このような信頼関係にある場合，組織間に制度が設けられていると，相手組織が裏切らないようになることが期待できよう。また，規範的側面は，どのような行動が適切であるかが示されていることによって相手組織の行動についての予測可能性が高まるという点で，知識型信頼が持つ特徴と類似している。さらに，認知的側面は，共有概念を重視していることから，一体型信頼が持つ特徴と類似しているといえよう。そうすると，制度を構成するこれら3つの側面は組織間信頼の形成要因となっており，組織間信頼のそれぞれの形態において機能する制度は異なると考えられる。

　また，正統性の議論においては，「制度的信頼の発達には，ある協力関係を保障する社会制度があり，行政機関や司法機関などの社会的機関がそうした協力関係を正統化し，その履行を制度的に保障する仕組みが働くことが大きな要因とな」り（若林，2006，p.88），ある組織の構造や行動様式は，正統的であると考えられるがゆえに他の組織や社会構成員から信頼できるものとされ，正統性が組織の信頼性を高めているとする見解が示されている（若林，2006）。

　もっとも，1990年代までの新制度派組織論は，静態的で環境中心の視点に立つものであるため，これによると，組織間信頼は制度的環境から与えられるものに依存して形成されるということになろう。しかし，組織間信頼は，組織と組織との関係の中で形成されていくものと解され，そこに制度的な要因がみられるとするならば，環境から与えられるものだけでなく，関係の中で動態的に形成されるものもそれに含まれるように思われる。そこで，環境を静態的に捉える1990年代までの新制度派組織論の捉え方では，限界があるということになる。

(3) 2000年代以降の新制度派組織論

　1990年代までの新制度派組織論においては，制度的環境への適応を通じて，主体間で何らかの認知前提が共有され，安定的な役割関係が形成される（松嶋・高橋，2009a）という環境決定論的な見方のもとで，本項（2.（2））ですでに述べたように，組織は受動的，静態的な存在と捉えられてきた。

　しかし，近年，新制度派組織論における研究の関心は，制度変化のプロセスへと移行してきている。そして，制度変化を説明する際に，これまでの通説的な制度のイメージや理解では理論的な行き詰まりが生じてしまうとの指摘がなされている（松嶋・高橋，2009a）。本来，新制度派組織論は，いわゆる近代論再考から伝統的な合理主義を捉え直そうとするものであり，「計算可能な合理性と道具的な機能性を否定せずに，これらを補完するものとして，より広く共有され，自明視された社会的価値やアイディアに基づいて検討するユニークな視点」（Greenwood et al., 2008, p.31）を持っている。そこで，新制度派組織論について，従来の理解とは異なり，組織を受動的，静態的な存在とみなし，組織の非合理的側面を説明するものではなく，組織を能動的な働きをする存在として論じ，合理主義的な前提を有する諸理論を補完する理論的含意を持つものと解するのが，2000年代以降の新制度派組織論であるということができる。

　これまで生じてきたミスリードに基づく行き詰まりを克服しようとする試みとしては，新制度派社会学を理論的基盤とした制度的企業家（institutional entrepreneurship）についての議論がある。このアプローチは，DiMaggio（1988）によって提唱されたものであり，「組織にとって制度とはなにか，研究者にはいかなる分析が求められるのかという，制度派組織論のハード・コアに立ち戻る問いとして提示されたもの」（松嶋・高橋，2009b, p.43）である。そこでは，制度の外部に位置する企業家が，既存の制度に変化をもたらし，制度を変革する役割概念と捉えられている。その分析対象としては，国，

地域，業界，集団などのマクロを構成する内部集団間の関係が想定され，人々の行為に影響を及ぼす文化や規範に目が向けられている。そして，「新技術や新サービスの普及のために行政や学会，教育機関など顧客や業界関係者に強い影響力を持つ制度当局との関係づくりを通じた正統性の構築プロセスが，制度的企業という概念の下で描かれる」（高橋，2007，p.64）。また，制度的企業家アプローチは，①特定の正統性の源泉との連携を実現することで，競争優位や参入障壁の構築を試みる個別企業の戦略性に注目する研究群と，②正統性をキー・コンセプトとしつつ，新規事業の成立を様々なアクターの相互関係と捉え，正統性の構築プロセスを明らかにしようとする研究群とに分類される（高橋，2007）。②における正統性とは，ある実体の行動が，社会的に構築されたシステム――一定の規範，価値観，信念，定義の――において，望ましく，適切，妥当であるという，一般化された認識，想定を意味する（Suchman, 1995）。

このような立場からは，制度は，「それ自体として存在する実体ではなく，様々な利害関係者間の社会的ルール」（松嶋・浦野，2007，p.11）と捉えられる。このような捉え方は，Jepperson (1991) の「ある種の状態や性質を獲得している社会的秩序や社会的パターンであり，標準化された相互作用の連続」（p.145）という定義と一致する。そこで，以下では，制度を「行為者によって自明視された慣行」（松嶋・浦野，2007，p.14）と，より簡潔に捉える立場に依拠することにする[6]。

それでは，制度を行為者によって自明視された慣行と捉えた場合，その慣行とは，より具体的にはどのようなものと考えられるであろうか。また，その慣行は，どのようにして自明視されるようになるのであろうか。この点で，

---

[6] なお，制度的企業家に関しては，その位置概念について，中心に置くのか，周辺に置くのかという議論がある。しかし，本書のここでの目的は，新制度派組織論における「制度」の概念整理を行うことにあり，制度的企業家に関する上記の議論は，さしあたり関係がないので，扱わないことにする。

第4章 組織間信頼の形成要因

　新制度派組織論は，ある集団や社会の中で自明視され，制度化されたルール[7]を手掛かりに，行為者がどのように活動を遂行しうるのかを明らかにすることを課題としているとの指摘（井上，2011）に注目したい。そこでいう制度化されたルールとは，「典型や解釈が交換されることによって社会に組み込まれた類型」（Meyer & Rowan, 1977, p.341）であるとされる。これは，言い換えれば，目的や手段の適切性を示し，個人や組織の裁量を超えた基準として自明視され，相互主観的に社会に存在しているものということになる（櫻田，2003）。組織にとっては，環境において正統化された制度化されたルールを自らの公式構造の中に取り込むことが，自らの正統化，存続へとつながる。制度化されたルールは，制度分析において重要なキー・コンセプトであり，制度を読み解く手掛かりとなる。すなわち，新制度派組織論における制度分析とは，制度そのものではなく，制度化されたルールを手掛かりとして見出す，「実践におけるポリティクスの分析」（井上，2011，p.85）であるということになる。制度は制度化されたルールによって可視化される（井上，2011）ため，制度を読み解くには，制度化されたルールをみていくことが求められる。

　制度化されたルールには，様々なものが当たりうるとされ，具体的には，規則，法律，価値観，期待，カテゴリー，専門的職業，プログラム，技術，文化，レジームなどが挙げられている（Meyer & Rowan, 1977; Jepperson, 1991; Scott, 2008）。

3. 制度と規範

　本項では，前項（2.（3））でみた，2000年代以降の新制度派組織論におけ

7）なお，本書は，制度の担体を制度化されたルールと同義のものとして扱うことにする。

る制度の捉え方に依拠して，組織間信頼の形成に関わる制度とはどのような
ものであるのかについて検討する。

　新制度派組織論における制度とは，制度化されたルールを手掛かりとして
読み解かれるべきものであった。制度化されたルールとは，前項（2.（3））で
みたように，目的や手段の適切性を示し，個人や組織の裁量を超えた基準と
して自明視され，相互主観的に社会に存在しているものである。

　先行研究で制度が注目されていることとは別に，従来，組織間信頼の研究
においては，組織間信頼の形成に関して規範が重要であるという議論がなさ
れてきた。しかし，新制度派組織論で論じられている制度化されたルールと
いう概念を持ってきてみると，これらは同じものと考えられる。すなわち，
制度化されたルールは，組織間で自明視され，組織間に組み込まれているも
のであるとされるが，それは，組織間信頼との関係で論じられている規範と
同様のものと解される。この点で，先行研究においても，たとえば，Bachmann
& Inkpen（2011）のいう，信頼に関わる「制度的構造（institutional structures）」
は，種々のフォーマルあるいはインフォーマルな「行動規範（norms of
behaviour）」であるとされ，Wicks & Berman（2004）のいう「産業規範
（industrial norms）」は，組織フィールドにおける制裁行動に関係し，特定の
産業の中で制裁が課される行動を明確にすることで経営上の意思決定に影響
を及ぼすものであって，信頼を促進あるいは阻害しうる，企業の制度的環境
であるとされている。

　以上のように，新制度派組織論の立場から組織間信頼の形成について考え
てみると，制度化されたルールとしての規範が組織間信頼の形成に影響を及
ぼすということになるように思われる。そこで，次節では，規範について検
討することにする。

第4章　組織間信頼の形成要因

第**3**節

規範

1. 組織間信頼の形成と規範についての議論

　先行研究には，組織間信頼の形成と規範との関係について論じたものが多く，信頼形成の基盤やそのプロセスに規範が影響を及ぼしているということが示唆されている（e.g. Bradach & Eccles, 1989; Aulakh et al., 1996; Lane & Bachmann, 1996; Lane, 1998; Wicks & Berman, 2004; Inkpen & Currall, 2004; Banerjee et al., 2006; 若林, 2006）。たとえば，Banerjee et al.（2006）は，規範，特に道徳的規範あるいは倫理的規範の存在が，組織間の信頼関係の理解にとって重要であるとし，Lane & Bachmann（1996）は，国，産業集積，特定のネットワークの中で共有化された価値の集合体としての規範が組織間信頼の形成に関わるとする。また，Bradach & Eccles（1989）は，規範を組織間信頼の基礎としてみており，規範が効力を持つのであれば機会主義的行動のリスクが減少すると説いている。

　第1章（第2節2.）でみたように，組織間信頼は，一般的に，「相手組織に対して何らかの期待をすること」と捉えられている。この点で，若林（2006）は，組織間信頼が認められるのは，経済的取引において，規範が共有され，義務と権利との関係について暗黙の共同了解が安定している状態においてであるとしている。また，組織間関係論においては，組織間関係調整のインフォーマルなメカニズムとして，組織間の規範形成が強調され（Pfeffer & Salancik, 1978; 山倉, 1993），規範は，「一定の状況において，主体間で共通の期待を作り出すこと」（山倉, 1993）であるとされる。さらに，社会心理学においても，規範は，社会的単位のメンバーにとって受容できる——または，

79

受容できない——態度と行動の範囲を限定する価値の尺度と定義され，集団
メンバー間の相互期待の基礎であるとされる（Brown, 1988）。

2. 組織間信頼の形成における規範の役割

　第1章（第2節2.）でみたように，組織間信頼は，相手の意図と能力に対
する期待であると考えられている。そこで，本項では，相手の意図に対する
期待がどのように生じるかということを考察する手掛かりとして，Ajzen
（1991）が提唱した計画的行動理論（theory of planned behavior（TPB））を
参照し，規範が組織間信頼の形成において具体的にどのような役割を果たす
のかについて検討することにする。

　TPBは，Fishbein & Ajzen（1975）の合理的行動理論（theory of reasoned
action）を発展させた理論である。合理的行動理論は，行動に対して最も大
きな影響を及ぼすのは意図（intention）であるとし，行動することによって
得られる結果と価値について合理的に判断する過程に焦点を当てるものであ
る（池田ほか, 2010）。すなわち，意図を規定する要因には，①行動に対する
態度（attitude toward the behavior），および，②主観的規範（subjective
norm）があるとする。そして，TPBは，意図を規定する要因には，以上の
2つの他に，③行動コントロール感（perceived behavioral control）がある
とするものである。

　このうち，③は，自らにはその行動を実行する力があると思うかというこ
とであり，行動に必要な知識や資源をどの程度有しているかが問題とされる
ことになる。他方，①は，行動がどのような結果に至るかということと，結
果がもたらす価値についての合理的判断に基づく態度——つまり，その行動
をすることがよいと思うか——であるが，これは，自己利益の追求に関係す
るとみることができる。そして，②は，周囲にいる重要な他者がその行動を

望ましいもの，あるいはすべきであるものと考えているといったこと（社会的規範）の認知であるが，ここでいう重要な他者には，取引をする相手が当たりうるであろう。

以上のように，TPBを参照すると，規範は，相手の意図に対する期待に影響を及ぼしていると考えられる。

しかし，規範が組織間信頼の形成要因であるとしても，前々節（第1節3.）で述べたように，境界連結者間の個人間信頼が組織間信頼へと転換していくのに規範が関わっているのかが問題となる。この点については，事例の検討を踏まえて，第7章で改めて考察することにする。

第**5**章

組織間信頼の
維持要因

前章（第1節）で述べたように，組織間信頼の出発点は異なる組織に属する個人と個人による個人間信頼であると仮定すると，それは境界連結者間の個人間信頼であると考えられる。そして，個人間信頼が形成された後，それが組織間信頼へと転換していくと解される。そこで，次に，本章では，そのようにして形成された組織間信頼の維持には何が重要であるのかについて検討することにする。

　組織間信頼の形態の1つとして第1章（第2節3.(2)）で挙げた知識型信頼は，相手組織の行動が予測可能なことを根拠とし，相手組織について十分な情報がある場合に成立するものであった。しかし，知識型信頼が成立するために必要であるとされている知識には，相手の信頼性の評価の基礎となるもの（相手の評判や情報を通じて得た知識）と，相手との共通の認知構造に関わるもの（相手と共有している知識，あるいは相手との間で新たに創り出した知識）という，2つの異なるレベルの知識が含まれているように思われる。第2章（第1節1.）で，組織間信頼の形成の基礎的メカニズムとの関係で取り上げた評判は，第1のレベルの知識である。本章では，まず，第2のレベルの知識が組織間信頼の維持要因ではないかとして，考察する。

　また，第3章（第1節1.）でみたように，先行研究においては，アイデンティティやアイデンティフィケーションが高次の信頼が成立する要因と捉えられてきた。そこで，本章では，これらについて，組織間信頼の維持要因となりうるのか，検討することにする。

第5章　組織間信頼の維持要因

第**1**節

知識

1. 知識型信頼再考

　第1章（第2節3.(2)）で組織間信頼の形態の1つとして知識型信頼を挙げたが，これは，相手組織の行動が予測可能なことを根拠とし，相手組織について十分な情報がある場合に成立するものであった。キーワードとしては，行動の予測可能性，相手組織に関する情報収集，相互関係の反復などが挙げられる。知識型信頼に関する初期の研究として，Shapiro et al.（1992），Lewicki & Bunker（1996），Sheppard & Tuchinsky（1996）などがあり，いずれも，相手組織の行動についての不確実性が低減された場合に知識型信頼が成立すると説いているが，どのような知識があれば不確実性が低減されるのかといったことは論じていない。しかし，上記の論者のうち，Lewickiは，のちの論文において，知識型信頼の説明として"knowing"を用いており（Lewicki et al., 2006），経営学で論じられているような意味での知識（knowledge）が念頭に置かれているわけではないように思われる。

　Nooteboom（2006）は，知識型信頼に分類される知識に基づく信頼について，曖昧であり，議論を混乱させると批判している。すなわち，知識に基づく信頼の中に「認知に基づく信頼（cognition-based trust）」を含めているために，相手の信頼性の評価の基礎となる知識と，相手との共通の認知構造に関わる知識という性質の異なるものを扱うことになってしまっているとするのである。認知に基づく信頼は，相手との認知の共有によって，相手の考えていることを理解したり，相手の行動についての予測可能性が高まったりする場合に成立するものであり（Child, 1998），認知の共有まで含んでいるため

85

に，アイデンティティに基づく信頼との区別がつかないのではないかとNootebooomは指摘しているのである。つまり，知識型信頼については，知識に関してレベルの異なる議論が展開されており，第1のレベルでは，相手の評判や情報を通じて得た知識が，第2のレベルでは，相手と共有している知識，あるいは相手との間で新たに創り出した知識が扱われているといえよう[1]。

そして，前章（第1節）でみたように，個人間信頼が形成され，個人間信頼が組織間信頼へと転換し，その後，組織間信頼が維持されるとすると，そのうちのどの段階にあるのかによっても，知識の性質は異なってくるように思われる。すなわち，第1のレベルの知識は，境界連結者が相手組織に関する評判や情報を集めてくることによって得られるものと考えられ，まず，個人間信頼の形成段階で問題となる——個人間信頼の形成要因となる——と解される。これに対して，第2のレベルの知識は，相手組織とのある程度の相互作用を経て得られるものと考えられることから，組織間信頼の維持段階で問題となるように思われる。

次項では，知識型信頼が成立するために必要であるとされている知識のうち，第2のレベルのものについて，経営学で論じられている知識に照らして，さらに考察する。また，知識型信頼の成立要件のうちの定期的なコミュニケーションについても，組織間コミュニケーションの議論を手掛かりとして，検討することにする。

---

1) なお，知識型信頼のキーワードとして相手組織に関する情報収集を挙げたが，知識型信頼は情報が相手の能力や技量といったものについての知識へと広がったときに成立するものであるとされていること（Poppo, 2013）や，情報と知識とが明確に区別されていること（Nooteboom, 2002）から，単なる情報は知識型信頼の成立要件には含めないことにする。

第5章　組織間信頼の維持要因

2. 組織間信頼と知識共有

(1) 知識の捉え方

　知識は,「正当化された真なる信念」と定義され（Nonaka & Takeuchi, 1995),「個人や組織（集団）が認識・行動するための,道理にかなった秩序（体系・手順)」（野中・紺野, 1999, pp.101-102）であるとされる。そこでいう正当化とは,新しく創られた概念が組織や社会にとって本当に価値があるのかを決定する一種のスクリーニング・プロセスである。知識として,具体的には,概念,ノウハウ,技術,方法論,視点やビジョン,コツや勘,個人のスキルなどが挙げられ,それは,信念やコミットメントと密接に関わっている。また,しばしば知識と同様のものとして挙げられる情報は,そういった知識を引き出したり,組み立てたりするのに必要な媒介,材料であり,知識とは異なるものと考えられる（Nonaka & Takeuchi, 1995)。すなわち,情報の因果関係を表しているのが知識であるということができる。

　そして,知識は,暗黙知と形式知とに区別され,4つの知識変換モードの社会的相互作用を通じて知識創造がなされるというSECIモデルが提示されている（Nonaka & Takeuchi, 1995)。4つのモードとは,①経験の共有化が鍵となり,個人の暗黙知からグループの暗黙知を創造する「共同化」,②対話という共同思考を通じて,暗黙知を明確な言語として表現することによって形式知を創造する「表出化」,③異なる個別の形式知を整理,分類して,体系的な形式知を創出する「連結化」,④行動による学習を通じて形式知から暗黙知を創造する「内面化」であり,これらが動態的に相互循環し,スパイラルを形成する。暗黙知は,特定状況に関する個人的,主観的な知識であり,スキーマ,フレーム,パースペクティブ,信念といった認知的側面と,ノウハウ,技巧,技能といった技術的側面を含むものである。他方,形式知は,

87

形式的，論理的言語によって伝達できる客観的な知識であるとされる。

　なお，暗黙知と形式知との区別はPolanyi（1966）によるものであるが，このうちの暗黙知について，Nonaka & Takeuchi（1995）の理解は誤っているのではないかとの指摘がなされている。藤田（2011）は，Polanyi（1966）のいう暗黙知とは，「言い表すことができないが，獲得された知識」（p.113）ではなく，知ることやその仕組み，あるいは形式知を支える知的活動を意味しているとする。そして，その上で，暗黙知は，スキル，ノウハウ，技能，コツといった身体性を有する能力と理解すべきとするのである。

　確かに，Polanyi（1966）が論じた暗黙知とは，言語による分節化が不可能なものが人間の活動において不可欠な役割を果たすことであり，その例として技能や技芸が挙げられ，分節化されたものとの動態的な相乗的関係が示唆されている（佐藤，2010）。それ故，暗黙知と形式知は対概念と捉えられるべきではないといえよう。

(2) 知識共有

　以上のような知識創造の理論は，組織内の知識創造を対象としたものであり，組織間の知識創造について論じるものではない。組織間レベルについて，野中・米山（1992）は，暗黙知と暗黙知の共有および変換過程である共同化と，形式知と形式知の共有および変換過程である連結化の２つが組織間関係の基本となるとしている。そして，組織間の相互依存性に注目し，共同化については共通経験を，連結化については情報接触を具体的な概念と捉え，共通経験と情報接触は相互補完的に関係しているとする。共通経験は，「主体と対象との心的ないし認識的相互作用」（野中・米山，1992，p.4）であるとされ，組織間の信頼形成の基礎となると同時に，信頼形成がなされることで，組織間相互作用の重要な基盤となるとされる。

　他方，情報接触には，意識的なものもあれば，無意識的なものもあり，日

常的な活動の中で，製品技術，仕様や，計画，開発の基本的な方向性につい
て情報を交換し合うこと，業界雑誌で他社の情報を得ることなど，その内容
は様々である。情報接触と共通経験は相互補完的な関係を形成しており，情
報接触は，共通経験があるからこそ，得た情報を単なる事象として解釈する
のではなく，言語化や形式化ができるものであるとされる（野中・米山，
1992）。

　そこで，組織間信頼と知識共有という観点から，共同化について検討する
と，共同化に関わる暗黙知とは，個人が持つ主観的な知識であり，組織間レ
ベルについては，組織に属する個人と個人との間で暗黙知と暗黙知の共有が
行われることになる。この点で，秋山（2008）は，組織間レベルで知識創造
の理論が適用できるかについて，境界連結者の役割を織り込むことで説明が
可能となるとする。すなわち，境界連結者が組織の代表として，相手組織と
経験を共有し，対話をしていくという役割を果たすとするのである。また，
組織間関係論において，山倉（1993）は，知識創造の過程では，個人的相互
作用を通じた信頼関係や相互理解を深めていくことが重要であるとする。前
章（第1節）で述べたように，境界連結者間の個人間信頼が組織間信頼の出
発点となると解されるから，このような組織間レベルの知識創造の議論は支
持しうるものと考えられる。

　次に，連結化について検討すると，連結化とは，暗黙知と暗黙知の共有を
経て，形式知となった知識を整理，分類して体系化し，既存の形式知から，
さらに新たな形式知を創出するモードである。形式知が暗黙知と暗黙知の共
有を経て生み出されるものであるとするならば，それは，組織間信頼との関
係では，個人間信頼の形成後に問題となる知識であると考えられる。

　先行研究における議論を知識と組織間信頼との関係でまとめると，次のよ
うになろう。すなわち，前項において，知識型信頼が成立するために必要で
あるとされている知識には2つの異なるレベルのものが含まれているとし，
第2のレベルのそれ，つまり，相手と共有している知識，あるいは相手との

間で新たに創り出した知識が組織間信頼の維持要因ではないかとした。しかし，知識についての経営学の議論に照らしてみると，組織間信頼には，暗黙知と暗黙知の共有である共同化（共通経験）と形式知と形式知の共有である連結化（情報接触）が関わっていると解される。このうち，共同化は，境界連結者間の個人間信頼に関わるものである。つまり，第2のレベルの知識は，個人間信頼の形成要因となると考えられる。また，連結化との関係では，第2のレベルの知識は，個人間信頼から組織間信頼への転換，および，組織間信頼の維持に関わるように思われる。この点で，信頼研究においても，情報や知識について，それらの共有のために信頼が重要であると論じられる一方で，それらの共有が信頼の形成要因であるとされることがある（向日，2011）。

　このように，組織間信頼の形成と維持の双方で知識共有は問題となると考えられる。そして，それぞれの段階において，鍵となる知識の性質は異なってくるように思われる。

(3) 組織間コミュニケーション

　第1章（第2節3.(2)）でみたように，知識型信頼の成立には，定期的なコミュニケーションや，取引前の潜在的な相手組織に対する綿密な調査——相手組織が国外にある場合には，その国の文化や商慣習なども調査の内容に含まれる——が有効であるとされる。それらによって，相手組織に対する理解が深まり，予測可能性が高まるからである。そして，定期的なコミュニケーションは取引が開始された後も継続的に行っていく——すなわち，組織間信頼の維持要因と捉えられる——ものであるのに対して，潜在的な相手組織に対する綿密な調査は取引前に行うものであるとされ，想定される組織間の関係のレベルが異なっている。そこで，以下では，定期的なコミュニケーションについて，組織間コミュニケーションの観点から，組織間信頼との関係をみておくことにする。

組織論において，コミュニケーションは古くから重要なものと捉えられてきた。Barnard（1938）は，組織の成立の必要十分条件として，貢献意欲，共通目的とともに，コミュニケーションを挙げている。これら3つの要素は相互依存関係にあり，コミュニケーションは，共通目的を組織のメンバーに伝達して協働を成立させることや，誘因を与えてメンバーの貢献意欲を引き出すという面を持っているとされる。また，Simon（1997）も，コミュニケーションは意思決定において重要な役割を果たす，組織にとって不可欠なものであるとしている。しかし，これらの議論は，組織内のコミュニケーションを対象としたものであり，組織間のコミュニケーションを対象とした議論は，近年，その重要性が認識されているにもかかわらず，あまり多くない。

　組織間コミュニケーションは，「2つ以上の組織間の情報交換および意味形成のプロセス」（山倉，1993，p.72）と捉えられる。その機能として，①組織間調整，②組織間の価値共有，③組織間の取引の円滑化の3つが挙げられる（山倉，1993）。①は，組織間コミュニケーションが円滑に働くことによって，互いの行動の予測可能性が高まり，組織間の協力体制を維持できるということである。②は，組織間の意味形成の役割を果たす組織間コミュニケーションによって共通の認知マップが形成されることでなされるものである。③は，組織間コミュニケーションの支えによって組織間の資源交換が行われるため，取引が円滑になされるということである。組織間コミュニケーションの主体の問題について，山倉（1993）は，コミュニケーションの担い手として境界連結者が果たす役割が大きいと指摘している。

　組織間信頼とコミュニケーションとの関係については，Turker（2014）が，組織間コミュニケーションの鍵となるものとして，相互作用の頻度，パワーに加えて，信頼を挙げており，信頼をコミュニケーションの形成要因と捉えている。他方，Hardy et al.（1998）は，組織間信頼は，意味共有が機会主義的なものでない行動に必要な基盤を提供するために展開されるコミュニケーション・プロセスから生じるとし，組織間信頼の形成要因としてコミュニケー

ションを挙げている。また，Anderson & Narus（1990）は，過去のコミュニケーションが信頼をもたらすとする一方で，信頼の蓄積によってよりよいコミュニケーションが導かれると論じており，信頼とコミュニケーションは相互作用を及ぼす関係にあるとする。Sydow（2006）も，組織間信頼の構成要素を規定する構造的特性には，組織間コミュニケーションの頻度とオープンさがあるとし，組織間コミュニケーションを一連のプロセスと捉えている。その理由として，コミュニケーションが増えることによって，相互理解の機会が増え，互いの行動の予測可能性が高まることが挙げられている。そして，地理的近接性がface-to-faceのコミュニケーションの機会を増やすだけでなく，ビジネスの共通理解を高めるとしている。

　このように，コミュニケーションと組織間信頼は相互作用の関係にあると考えられる。そして，組織間におけるコミュニケーションの主体や性質によってどのような組織間信頼が成立するのかが異なってくるように思われる。

第2節

アイデンティティ

1. 組織間信頼とアイデンティフィケーション

　第3章（第1節1.）でみたように，先行研究において論じられてきた経済的合理性のみでは説明のつかない組織間信頼には2つのタイプがあり，そのうちの第1のものとして，取引関係が長期となって相手組織に関する情報が増え，相手が何を望んでいるのかがある程度分かるようになった場合に成立するものがある。そして，これについては，アイデンティティやアイデンティフィケーションの観点から——アイデンティフィケーションに基づく信頼，

あるいは「アイデンティティに基づく信頼（identity-based trust）」として
――議論がなされている（Shapiro et al., 1992; Lewicki & Bunker, 1996;
Sheppard & Tuchinsky, 1996; Maguire et al., 2001）。

　第1章（第2節3.(3)）で組織間信頼の形態の1つとして一体型信頼を挙
げたが，これには，アイデンティフィケーションが関わると考えられる。そ
して，これは，組織間信頼の維持要因となるように思われる。

　Ashforth & Mael（1989）は，アイデンティフィケーションを認知的なも
の（組織への同一性や所属性についての認知）と解している。しかし，これ
は，アイデンティフィケーションを狭く捉える立場であり，近年では，組織
の成員性による自己定義や，価値，目標の適合が要素として含まれるとす
る，アイデンティフィケーションをより広く捉える立場もみられる（高尾・
王，2012）。また，社会的アイデンティティに関する研究では，アイデンティ
フィケーションは，グループの目標や価値の重要性を高め，自らの目標や価
値がグループの他のメンバーのそれと類似しているという意識を強めると主
張されている（Kramer & Brewer, 1984）。アイデンティティの内容として
は，価値観，目標，信念，ステレオタイプの行動，行動するための知識，技
術，能力といったものが挙げられる（Ashforth et al., 2008）。前述のように，
組織間信頼の形態の1つとして一体型信頼があるが，アイデンティティの内
容とされる上記のものは，一体型信頼のキーワードとして挙げられるものと
重なる。また，Simon（1997）は，グループのメンバー間の相互の結びつき
は，Freud（1921）のいう一体化と類似しており，重要な情緒的共通性に基
づいているとする。

　アイデンティフィケーションが組織間信頼の維持要因と解される理由とし
ては，相手の望むことや意図していることを理解して行動するようになる，
相手の行動が予測でき，相手が裏切らないという確信を持ち続けるなどがア
イデンティフィケーションの特徴であるが，ある程度相手組織についての理
解が進んでいなければ，予測可能性が高くはならない――したがって，アイ

デンティフィケーションは，組織間信頼の形成後に生じるものである——ということが挙げられる。

Lewicki & Bunker（1996），Shapiro et al.（1992），Sheppard & Tuchinsky（1996）などが提唱したアイデンティフィケーションに基づく信頼は，相手組織への監視などは必要ないもの（Lewicki & Bunker, 1996），信頼の特に興味深い形態としてみられるもの（Möllering, 2013），予測可能性と善意に関係する最も強い形態のもの（Maguire et al., 2001）と捉えられている。そして，共通のアイデンティティの開発，場所の共同使用，共同製品を作ることや共通の目標を創り出すこと，共有された価値へのコミットメントという4つの活動によってアイデンティフィケーションが進むと，相手組織の望むことや選択，好みなどが，あたかも自らのものであるかのようになり，この信頼が強化される（Lewicki & Bunker, 1996）。Child（2001），Nooteboom（2006）は，アイデンティフィケーションに基づく信頼は，共通の価値，世界観の共有，行動規範の共有といったものがあることによって成立するのではないかとしている。また，アイデンティティを誘引する要因は多いが，最も重要なのは，共同製品，共通の目標，共通の戦略の存在であるとの指摘もなされている（Sheppard & Tuchinsky, 1996）。

そこで，Lewicki & Bunker（1996），Shapiro et al.（1992），Sheppard & Tuchinsky（1996）のいうアイデンティフィケーションについては，関係の中で，組織間で相互に創り上げていくものと捉えることができる。

以上のことから，共通の価値を組織間で創出すること（価値の共同創出）が，アイデンティフィケーションに基づく信頼に関して決定的な意味を持っていると考えられる。

2. 再カテゴリー化による組織間アイデンティティの創出

　第3章（第2節2.）で述べたように，社会的アイデンティティは，その特徴から，組織間信頼の形成と維持の双方に関係しているとみることができる。そして，相手組織との間に新たなアイデンティティが形成されるということもありえよう。

　ここでいう新たなアイデンティティとは，第3章（第2節2.）で縁故に基づく信頼の範囲を限定する際に検討した社会的アイデンティティとは異なり，もともとの関係の中で創られたものではなく，組織間で形成された新たなものであって，それが組織間信頼の形成・維持の要因となっているのではないかということである。その検討のため，以下では，Gaertner & Dovidio（2014）が提唱した共通内集団アイデンティティ・モデル（common ingroup identity model）についてみることにする。このモデルのいう再カテゴリー化は，組織間信頼の形成または維持に重要な役割を果たすように思われる。

　共通内集団アイデンティティ・モデルは，脱カテゴリー化，相互差別化，再カテゴリー化という3つのカテゴリー化が集団バイアスを低減させるとして提唱された。このうち，脱カテゴリー化は，Brewer & Miller（1984）によって提示されたものであり，属している集団のカテゴリーを重視せず，個人として接することで，境界意識が薄くなり，集団バイアスが低減されるというものである。相互差別化は，属している集団の境界や，相手とは異なる集団であるという認識は維持するが，メンバー間の類似している点や，異なる点を認識し，評価して協調するというものである。そして，再カテゴリー化は，これまで自らが所属していない外集団として認識していた集団との間に共通の上位集団を持つことによって，外集団が内集団へと変容するというものである。

　たとえば，Maguire et al.（2001）は，カナダにおける製薬会社とHIV/

AIDSのコミュニティ組織との関係を分析し，2者の間に新たなアイデンティティが形成されることによって，組織間信頼が形成され，維持されていると指摘しているが，これは，再カテゴリー化が行われたケースであるといえよう。

第 **6** 章

組織間信頼の
事例研究
──産業集積の共同受注グループにおける
組織間信頼の形成・維持──

本章では，前章までで整理した問題について，さらに具体的に考察するため，産業集積の中で発足した2つの共同受注グループを事例として取り上げる。すなわち，国内有数の複合金属加工基地として知られる新潟県燕地域の産業集積において2003年に発足した，研磨業者による共同受注グループである磨き屋シンジケート，および，京都府南部の機械金属関連の中小企業10社が2001年に共同で立ち上げた，試作に特化したソリューション提供サービスを専門とする京都試作ネットである。これらの事例を選択した理由としては，序章（第2節）で述べたように，①地域的，文化的，業種的に類似した属性を有する組織間であるため，経済的合理性のみでは説明のつかない組織間信頼がみられるのではないかという点，②燕地域も京都府南部も，歴史的，伝統的に産業が集積している場所ではあるが，それぞれの組織の設立から比較的日が浅いため，組織間信頼の，特に形成についての知見が得られるのではないかという点，および，③両グループに参加する組織は，小規模組織が多いため，大規模組織よりも考察する要因が絞られ，相対的に単純化してみていくことが可能なのではないかという点が挙げられる。

　以下では，まず，産業集積に関する従来の議論を概観する。そして，その上で，2つの共同受注グループの事例を紹介することにする。

第1節

産業集積

1. 産業集積の捉え方

　産業集積は，一般的には，「特定の地理的な範囲内に規模の小さな企業が集中し，それらの企業は同一の産業部門に所属することによって，何らかの

関係を相互に形成している状態」（稲垣，2003，p.2）などと定義される。産業集積に関する最初の理論的著作は Marshall（1920）であり，特に産業地区（industrial districts）と呼ばれる産業の集積に関する記述がみられる。産業地区という概念には，大量の原料を使用せず，急速には修得できない熟練を必要とする産業が集積している場所という意味が与えられている。Marshall は，その典型例として刃物生産で有名なイギリス・シェフィールドとドイツ・ゾーリンゲンを挙げ，これらの地域には独特の産業的雰囲気があり，このような雰囲気は容易に得られるものではないし，移転もできないと述べている。

　その後，Piore & Sabel（1984）の「柔軟な専門化」論によって，産業集積への関心は一気に高まることになった。これは，アメリカのような，大企業を中心とした少品種大量生産システムに代わり，イタリアのような，多品種少量生産を柔軟にこなす中小企業による，クラフト的な生産が新たな産業システムとなるという議論である。このことは，競争と協調とのバランスをとるような地域的制度を持ち，嗜好に応じて製品の質を変えて新たな市場を開拓することで，グローバル化と情報化時代の経済をリードしていく可能性があるということを意味している。さらに，Piore & Sabel によれば，生産の柔軟性を可能とし，継続的な革新を促進してきたものとして，①地域生産共同体主義（municipalism），②福祉資本主義（welfare capitalism）あるいはパターナリズム（paternalism），③親族関係の企業家的利用に基づく家族主義（familialism）という3つのシステムが挙げられ，産業によっては，新たな技術をとり入れ，新たな市場に参入する場合に，これら3つの中の1つのシステムから他のシステムへと移行していくものもあるとされる。

　産業集積の大きな特徴として，産地内の企業が一連の製造工程において社会的分業生産体制を構築していることが挙げられる。社会的分業生産体制とは，1つの製品の生産工程を細分化し，地域内に数多く存在する個々の企業が，担当する工程に関する技術やノウハウを専門化によって蓄積，高度化することで，生産工程全体の効率性に貢献するというものである。分業を行う

には，まず，相手企業を見つけることが必要となるが，相手を探索する時間を節約し，交換の効率性を高めるため，単に地理的近接性というコスト削減の面からみた条件の他に，より適切な相手の発見を行えるようにする仕組みが求められることになる。

そのため，産業集積内の組織間信頼の形成・維持について検討するにあたっては，産業集積を単なる経済活動の単位としてみるのではなく，産業集積の歴史的，社会的，文化的背景や社会的分業体制，異業種交流会や地元工業会といった産業集積地としての様々な取り組みを考慮する必要があろう。

なお，近年盛んに論じられている産業クラスターは，Porter（1998）が提唱した概念であり，「特定分野における関連企業，専門性の高い供給業者，サービス提供者，関連業界に属する企業，関連機関（大学，規格団体，業界団体など）が地理的に集中し，競争しつつ同時に協力している状態」（竹内訳，1999，p.67）と定義される。これは，産業集積の一種であるということができるが，競争優位の形成と発展に関する地理的近接性の役割を集約したものであり，また，グローバル経済やネットワークによる広域的な連携を意識し，イノベーションの創出という概念を含んでいる点で，従来の産業集積とは区別される。産業クラスター研究については，ビジネス・モデルの研究が多く，産業集積や企業の継続に関する規範的要素の観点や社会構造の観点からの研究は少ないとの指摘がなされている（藤本・河口，2010）。

2. 産業集積の形成要因

産業集積はなぜ生じるのかについて，Marshall（1920）は，外部経済の問題を指摘し，産地が形成される要因として自然条件や「宮廷の庇護」を挙げている[1]。また，Weber（1922）は，費用最小化原則によって工業の立地が定まるとし，集積をもたらす要因を集積因子と名づけ，産業集積を低次の段

階と高次の段階の2段階に分けて論じている。低次の段階の集積とは，特定の技術的設備，特定の労働組織，原材料の大量購入にともなう費用の低下を意味し，高次の段階の集積とは，多数の企業が近接して立地することによって発生する費用低下を意味する。しかし，Weber は，これらの集積因子とは無関係に，輸送費や労働費に関する因子だけで集積が形成される可能性もあるとしている。

Marshall（1920）が挙げた自然条件のような比較優位による産業の地理的集中の説明は，Starrett（1978）の空間不可能性定理（spatial impossibility theorem）にもみられる。空間不可能性定理とは，何らかの自然条件による比較優位が外生的にもたらされない限り，産業の地理的集中が内生的に形成されることはない，つまり，産業集積が形成されるのは，比較優位が外生的にもたらされる場合のみだというものである。

このような観点は，現在においても重要であるが，しかし，グローバル化によって生産要素が相当程度自由に地域間を移動できるようになると，自然条件を比較優位とした従来の比較優位論では，産業集積の形成を十分に説明できなくなった。そのため，生産特化パターンは地域の風土や技術の地域間格差によって起こるのではなく，収穫逓増に基づく専門化によって発生するという解釈がなされるようになる。たとえば，産業の地理的集中の理由として収穫逓増を含めたモデルを提示した Krugman（1991）は，Marshall（1920）の理論を援用し，産業の地理的集中を経済学的に説明している。すなわち，アメリカのマニュファクチャリング・ベルトという広大な地域を事例として取り上げて，収穫逓増（規模の経済），輸送費の最小化，需要の外部性（大きな局地的需要）という3つの要因が相互作用することで地理的集中が起こる

---

1) たとえば，シェフィールドの刃物業における，砥石の産地の近くに立地していることが，ここでいう自然条件に該当する。また，気候，土壌の性質なども自然条件に含まれる。他方，宮廷の庇護とは，宮廷関係者による高級財への需要によって，その財の生産に必要な熟練の職人が集まることを意味している。

とするモデルを提示したのである。これは，収穫逓増が強力に作用すればするほど，輸送費が下がれば下がるほど，需要の大きな地域に集中するという循環モデルであり，産業の地理的集中は一度成立すれば長期にわたって存続すると主張されている。

産業集積の形成要因について論じたものとしては，以上のほか，Hoover (1937)，Ohlin (1933) などがあるが，いずれにおいても，もっぱら経済学的要因に注目した議論がなされている。これは，従来の産業集積論が経済地理学を中心とした研究であったことによるが，そのために，産業集積がなぜ，あるいは，どのようにして存続してきたのか，そのプロセスやダイナミズムを十分に明らかにすることができていないという批判がある（加藤，2009）。

近年では，産業クラスター論にみられるように，産業集積におけるネットワークが発達することによってイノベーションが促進されるという議論から，ネットワーク分析や社会関係資本論を産業集積に応用しようという研究がなされている。

なお，産業集積の研究は，企業の地理的集中に関するメリットについて検討し，外部経済に注目してきた。そのため，創業という現象を扱ったものはほとんどみられないとの指摘がある（加藤，2009）。

3. 産業集積における共同受注グループの発足

日本ではバブル崩壊と同時期にグローバル化の波が押し寄せ，中国製品の大量流入，大企業や中堅企業の海外への製造拠点の移転などによって，既存の中小企業集積地域は極めて厳しい状態に置かれることになった。このような状況を背景に，中小企業集積地域の活力維持に注目が集まり，2001 年から経済産業省が「地域再生産業集積計画（産業クラスター計画）」を開始し，地域の経済産業局および民間の推進組織が一体となり，新たな産業クラスター

の形成を促進するプロジェクトを推進してきた[2]。現在は，立ち上げ期
（2001 年から 2005 年まで），成長期（2006 年から 2010 年まで）を経て，自律
的発展期（2011 年から 2020 年まで）であり，民間と自治体を中心とした地
域主導型の産業クラスターを創出しようという試みがなされている[3]。共同受
注グループは，このような政策の一環として注目されている（宮﨑ほか, 2008）。

平池（1989）は，共同受注グループを「異なる業種に属する複数の企業が
集まって，1つのグループをつくり，各メンバー企業を相互に連結した生産
システムをつくりあげることによって，そのグループやメンバー企業が外部
の第三者から注文をとり，それを各メンバー企業に配分して生産・加工・集
荷等を行い発注先に一括納入するグループ活動である」（p.12）と定義してい
る。そこでは異業種と限定されているが，メンバー企業は必ずしも 1 業種に
つき 1 社である必要はないとされていること，同業種に近い異業種企業間で
の設立もあり得るとされていることから，必ずしも異業種のみに当てはまる
わけではないと考えられる。

共同受注グループは，次の 3 つのタイプに分けることができる（平池,
1989）。すなわち，第 1 は，規模の経済を重視し，特定の親企業を持つ下請
企業が共同受注を目的として結成するというものである。このタイプのもの
は，脱下請から共同開発をするまでの可能性を持っている。第 2 は，大手企
業への対抗策などのため，特定の親企業の下請関係にはない企業が共同受注
を目的として結成するというものである。そして，第 3 は，もともと異業種
交流によって共同開発を目指していたグループが，共同開発に成功し，共同
受注に移行するというものである。いずれのタイプにおいても，個々の企業
の独立性は維持しつつ，連携を保っていることが特徴である。

---

2) たとえば，内閣府政策統括官編（2004）は，産業クラスターについて，イノベーションを
　促進するタイプの産業集積と定義し，産業集積が産業クラスターへと発展していくことが
　地域再生に有効であるとしている。
3) また，文部科学省の「知的クラスター創成事業」も，2002 年から実施されている。

共同受注グループは全国にみられるが，すでに成功している共同受注グループのビジネス・モデルを参考に取り組むものの，うまくいかないということもある。その原因としては，技術の漏えいなどの問題が生じることが挙げられている（上野，2013）。

4. 産業集積における信頼

　産業集積を構成する企業群は，単なる経済的取引にとどまらず，歴史的にも文化的にも，互いに日常生活の場で深いつながりをもった関係を構築しているといわれている（岸田，2003）。そして，産業集積の研究で，信頼について論じるものは多い。Dei Ottati（1994）は，企業間における互恵的協調の習慣化が，産業集積内の信頼に重要な影響を及ぼしているとし，Becattini（1990）は，地域特有の産業風土や規範が形成されることで，産業集積の内部メンバー間の信頼関係が強くなり，情報や知識の共有がなされるとしている。また，イタリア・ボローニャの包装機械メーカーの産業集積における起業家のネットワーキングとアクセス能力について論じた稲垣（2003）は，産業集積内のネットワークの架橋を実現させるための条件として，地理的近接性と価値観の共有を挙げている。そして，「相互に近接することによって接触のチャンスが多いほど，あるいは価値観の共有度が高いと認知されるほど，2者間は信頼関係を構築しやすい」（p.161）とするのである。

　そこで，産業集積においては，協調行動や，地域特有の風土や規範，価値観の共有などが，信頼形成に影響を及ぼしていると考えられる。

　額田（1998）は，東京都大田区の分業集積群について，仕事を超えた仲間的付き合いが行われ，濃密な情報ネットワークが存在していることを明らかにしている。すなわち，大田区では，仲間的付き合いによって信用財が十分に形成されるため，取引のメンバーシップを決めるための仕組みが存在し，

たとえば，外注先を紹介する際にいいかげんなところを紹介すれば，相手に
も迷惑がかかり，地域での信用を失いかねないというリスクがあるため，確
信を持てる外注先だけを紹介するということが分業集積群の企業に浸透して
いるとする。また，金井（2005）は，産業クラスターの議論に「場」の概念
──「人々の接触や観察の頻度を高め，文化と情報の共有をさせる状況」（伊
丹，1998，pp.18-19）と定義される──を適用し，札幌のIT産業クラスター
形成のプロセスを分析している。その中で，主体間の信頼形成のためには
「場」における濃密な相互作用が必要不可欠であるとするとともに，事例につ
いて，「場」の創造以前に参加者の評判を聞いていたことや，参加者同士が特
定のコミュニティに属していたことによって，主体間の構造的空隙が事前に
埋まっていたと指摘している。

　そこで，産業集積における信頼形成には，相手の評判や事前の関係が関
わっていると考えられる。

　また，以上のことから，産業集積内において取引関係が始まる場合には，
いわばゼロから取引関係が始まる場合だけでなく，組織間に一定の関係があ
ることを前提として取引関係が始まる場合があるといえよう。

第2節

新潟県燕地域における磨き屋シンジケートの事例

1. 産業集積の概要

　新潟県燕地域は，江戸時代に和釘生産地として発展した。しかし，明治時
代はじめの近代化にともない，西洋から洋釘がもたらされたことによって，
200年以上続いた和釘の生産は衰退していく。そのため，釘職人は，ヤスリ，

煙管，矢立，銅器へと事業を切り替えた。そして，明治時代末から大正時代はじめとなると，金属洋食器が作られるようになる。第1次世界大戦の頃には，ヨーロッパ各国で軍需生産が盛んとなり，軽工業品の注文が日本に対してなされるようになったことから，金属洋食器を生産し始めた燕地域にも，輸出向けの注文がくるようになった。当初，手作りから始まった洋食器の生産は，徐々に機械化されていき，第2次世界大戦後までに，燕地域の洋食器は，県内の輸出品の4分の1を占めるほどとなったのである。素材も真鍮からステンレスへと替わり，ステンレスの研磨技術を東京から入手することで研磨作業の機械化の問題——ステンレスの研磨は熟練の職人であっても難しいとされていた——に対処していった。これによって，熟練工でなくても作業ができるようになり，アメリカへの輸出が増大し，「磨き3年で家が建つ」といわれるほどの盛況ぶりとなる。しかし，1950年代後半になると，アメリカで日本の洋食器に対する輸入規制が敷かれることになり，国内向けの生産へと転換せざるをえなくなった。また，洋食器の製造技術を活かして，家庭用台所用品の製造業，すなわち，ハウスウェア産業へと転換していく企業もあった。

　このように，燕地域は，産業集積地として400年以上の歴史があり，こんにちまで，経済危機，時代の変遷，需要の変化などに応じて，幾度も事業を転換していった「転換と克服の歴史」（中小企業総合研究機構，1998, p.80）を持っている。特に，金属洋食器については全国的にも有力な地域と認識され，この生産技術によって，金型製造，研磨，表面処理，精密加工，鍍金，プレス加工などが生み出されることになった。そして，現在は，地域全体が「金属製品複合加工基地」としての機能を有し，中小企業が分業して取り組んでいる地方産地型の産業集積となっている。

　燕地域においては，特に洋食器の製造に関して，40社から50社ほどの元請企業のもとに1次ないし2次下請となる中小企業が存在する，ピラミッド型の生産構造となっているのが特徴的である。このような多重的な生産構造

によって，細分化された工程をそれぞれの技術でもって分業し，産地で1つの製品を作り上げてきたのである。そのため，「町全体で一つの工場を形成している感じ」（宗澤，2001，pp.237-238）と評されている。地理的に近接している企業が分業していることで，日常的に取引相手の技術力や稼働状況をみることのほか，微妙な調整などの柔軟な対応も可能となっている。

　燕市の製造業においては，従業員が1人から3人の事業所数が，全体の70パーセントを占め，10人に満たない事業所数となると，84パーセントに達する[4]。その大多数が家族を中心として構成された企業である。

　燕地域においては，自ら企業を興したという創業社長が多い。それなりに昔からやっている企業に丁稚奉公という形で働いて技術を習得し，起業しているため，似たような企業が多く，ライバル意識が強いといわれる。また，創業者が60代から80代となり，現在は2代目が後を継いでいることも多く，世代交代が進んでいる。2代目は40代から50代で，若い頃に東京に出ていたり，別のところで修行をしていたりして，後を継いでいるというケースがよくみられる。2代目が創業者と異なる点として，国際的な感覚を身につけ，世界をマーケットに動いていることが挙げられる。そして，新たな分野への挑戦として，大学との産学共同研究を積極的に行っている。

　しかし，不況や世代交代でなくなるところも多いこと，大企業や中堅企業の製造拠点が海外へ移転してしまうことなどで，燕地域は，産業の空洞化の危機という問題を抱えている。その対策として，近年では，燕商工会議所が中心となって，共同受注を行うグループを設立し，産業集積内の企業への情報の提供，受発注の斡旋などを行うことで地域を活性化しようという試みもなされている。また，燕商工会議所が「メイド・イン・ツバメ」認証事業を

4）なお，本書は，組織とは「2人以上の人々の，意識的に調整された諸活動，諸力の体系（システム）」であるというBarnard（1938）の見解に依拠し，少人数であっても組織と捉える立場をとる。

2010年にスタートさせ，商工会議所内に認証委員会を設けて，燕地域で生産された製品の原産地を認証し，認証された商品に「メイド・イン・ツバメ」のロゴマークを使用することを許可している。

2. 競争と協調の共存

　燕地域における産業集積の特徴は，競争と協調が共存していることにあるといえよう。燕の地域産業について，20年以上にわたって新技術や新製品の開発支援，交流支援，情報提供などを行い，様々な企業と関わってきた燕三条地場産業振興センター産業振興部の担当者は，次のように述べている（燕三条地場産業振興センター産業振興部インタビュー（2011年9月16日））。

- 「燕地域の小企業は創業社長がほとんど。自分で会社を興している。」「いつかは俺も社長となりたいという人」が「それなりに昔からやっている企業に丁稚奉公という形で働き，技術を習得し，……起業し」ている。「なので，ライバル意識が強い。」
- 「似たような会社が多いため，みんな仲が悪い。競争相手がいなくなることを望んでいる。」
- 「ある程度核となる企業が協力構造を大事にしているので，ドライな関係ではなくて，小さいところを育てるという意識がある。今回は厳しいが，次に儲けられるように配慮してくれる。地元の小さいところは持ちつ持たれつという感じ。」
- 「なるべく地域内で完結させようというのが社長に多い。県外に出せば安いが。」
- 「土地を愛するというのはあるし，縁故もあるし，友達，同じ青年会議所のグループといった人と人との信頼関係は大きいだろう。」

108

第6章　組織間信頼の事例研究

　これらの話から，燕地域の企業については，互いにライバル意識が強いもの，何とか地域をよくしたい，地域内で協力していこうという意識があるように思われる。Saxenian（1994）は，別々の企業にいるとしても，それ以前に似たような専門的経験を背景に持っていることによって，コミュニティ感覚が強化され続けると指摘している。そうすると，燕地域の企業についても，経営者同士が起業前に同じ企業で働いていたことや，下請として似たような経験を積んできたことで，コミュニティ感覚を身につけることになったと考えられる。

　しかし，他方で，昔は工場も何も隠さず開けっぱなしにしていたが，いまでは技術が漏れないように工場の製品に布をかけておいたり，取引先を明かさないようにしたりするという話もあるとのことであった。

　このように，燕地域の企業については，同じ土地に根づき，地域をよくしたいという共通認識がある一方で，同じ土地にライバルがおり，同業種であるがゆえに仕事を奪われてしまうかもしれないという危機感もあるため，仕事をとられないよう，技術が漏れないように，同じ地域内での取引であっても与信調査を行い，口約束ではやらないという商慣習がある。また，同一地域内の同業者の集まりとなると，役割を分担するルールもみられる。その例として挙げられるのが，磨き屋シンジケートという共同受注グループである。

3. 磨き屋シンジケート

(1) 設立経緯と概要

　燕地域は，磨き職人の不足，人件費の安いアジア各国へと産地製品がシフトしたことによる基幹産業の落ち込みといった問題を抱えていた。そこで，その打開策として，2001年に新潟県の主導で策定された「燕産地地場産業振

109

興アクションプラン」に基づき，研磨業者によるインターネットを用いた共同受注を行うビジネス・モデルとして 2003 年に設立されたのが，磨き屋シンジケートである。その目的は，優れた技術を持つ磨き職人の個々の生産余力を 1 つにまとめて大きくし，販路を拡大すること――もともと 1 企業あたりの従業員数が少なく，生産余力はあっても独自に新規の販路開拓をしていくことは難しかった――である。また，従来の元請企業への依存体制から脱却するというねらいもある。

設立の母体となったのは，燕研磨工業会である。燕研磨工業会は，1990 年に研磨業者 27 社によって設立され，燕商工会議所が事務局を務める，研磨業者の交流の場である。もともと横のつながりがまったくない研磨業者が「会組織により情報交換による燕製品のレベルアップ・イメージアップを目指し，意見集約と発言の場を持つことを目的として」（燕商工会議所，2001b，p.188）立ち上げたものである。ここでの勉強会で，共同受注の運営方針について話し合いを進めていったのがきっかけであるとされる。

磨き屋シンジケートの設立には，燕市や，燕市の隣市である三条市などの県央地域の金属研磨業者，非金属研磨業者 22 社が参加した。

燕商工会議所インタビュー（2011 年 10 月 21 日）によれば，登録にあたって審査は特に行っていないものの，燕市とその近隣地域の企業から構成されており，所定の年会費を納めることになっているとされる。会員となる条件としては，①所在地が新潟県内であること，②自社内に研磨設備を有する，従業員数が 20 人以下の規模であること，③金属研磨仕上げ技能士の国家資格を有していること――ただし，この国家資格は，その後，政府のいわゆる「事業仕分け」によって，2012 年に廃止された――が挙げられる。2011 年 10 月の時点で，構成は，受注幹事 7 社，共同受注部会員 14 社，技能士部会員 8 社，賛助会員 13 社であった[5]。

5）2018 年 7 月の時点では，幹事企業 5 社，参加企業 24 社，賛助企業 5 社となっている。

なお，磨き屋シンジケート自体は，法人格を持たない任意団体である。

(2) 共同受注の仕組みと内容

　燕商工会議所インタビュー（2011年10月21日）などによれば，受注は，次のように行われるとされる。すなわち，燕商工会議所が窓口となり，地域内，地域外から仕事の依頼があると，すべての受注幹事企業に仕事の内容を伝え，受注について打診をする。受注の意思がある受注幹事企業が複数ある場合には，入札か調整によって，1社に絞られる。受注幹事企業は，依頼元との商談を開始し，商談が成立した場合には，共同受注部会員である協力工場群から必要な技術力を持つ企業を選び，その都度，「シンジケート」を構成した上で，製品を作り，納品する（**図表6-1**）。受注幹事企業が行うこととしては，依頼元との関係で見積書，契約書を作成すること，共同受注部会員企業との関係で作業委託基本合意書を——場合によっては，秘密保持契約書も——作成すること，進捗管理，代金回収，共同受注部会員企業への支払いをすることがある。

　共同受注の内容は，ジェット機の翼からゴルフ・クラブの研磨といったものまで様々であるが，同じ研磨業者といっても，研磨の対象や方法などとの関係で，企業ごとに得意分野があるため，1種類の製品を作るのにも分業が必要となりうる。また，1社ではこなせない受注数であっても——受注幹事企業，共同受注部会員企業とも，従業員数が10人以下の規模のものがほとんどで，共同受注部会員企業の中には，1人でやっているところもある——シンジケートを構成することによって引き受けることが可能となるのである。

(3) 共同受注におけるマニュアル

　燕地域における研磨業者にとって，産業の空洞化の危機という問題を克服

図表 6-1　磨き屋シンジケートの共同受注の仕組み

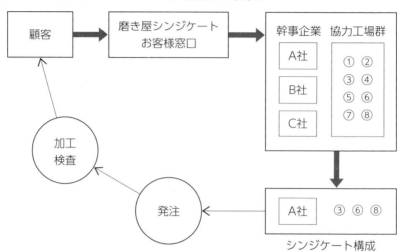

出所：磨き屋シンジケートのホームページ（http://www.migaki.com/）より筆者作成

し，レベル・アップを図るためには，同業者同士で協力していくことが不可欠であった。しかし，磨き職人は，一匹狼的存在であり，他の職人と仕事をすることは困難であると考えられていた。そこで，磨き屋シンジケートでは，発足時から共同受注マニュアルが作成されている。マニュアルは，想定される課題について何度も話し合いを行い，その内容を明文化したものである。そこでは，「地場の研磨業者と競合する既存受注をしないこと」，「他の参加企業に対して案件を情報公開すること」などが定められている。研磨は手作業となるため，職人ごとにムラが出ないよう，参加企業間でノウハウを共有し，品質，技術の標準化をする旨が記され，相互学習をする仕組みが作られている。また，業務フロー，見積書や契約書のフォーマットが収められている。さらに，依頼元との間で，あるいは参加企業間でトラブルが生じた場合の解決策などが明文化され，責任の所在の明確化が図られているのである。

(4) 創業期, 成長期, 成熟期

磨き屋シンジケートの事業内容の変化などについて, 創業期 (発足前, および, 2003 年から 2004 年まで), 成長期 (2005 年から 2009 年まで), 成熟期 (2010 年以降) に分け, 整理しておくことにする。

1) 創業期 (発足前, および, 2003 年から 2004 年まで)

本項 (3. (1)) ですでに述べたように, 磨き屋シンジケートの母体は燕研磨工業会であり, そこに経営者が参加していた研磨業者 22 社が立ち上げに関わった。発足までの約 1 年半の間にワークショップを 30 回ほど開催し, 共同受注の際に生じうる問題の解決方法を協議した。そこで作成されたのが, 共同受注マニュアルである。発足当初は, 連携による受注量の増加を目的とし, 研磨技術をアピールすることに力を注いだ。窓口となっている燕商工会議所がメディアへの露出, 見本市への出店などを積極的に行うことで, 新規販路の開拓をし, 発足から半年で 2,000 万円近くの受注があった。

燕地域の生産構造は, 従来, トップに元請企業を置くピラミッド型を成していた。そのため, 下請に位置する研磨業者は, 細分化された分業のもとで仕事を行っていた。1 企業あたりの従業員数は少なく, 営業部門などもないため, 県外の仕事を独自に開拓することは難しく, 大量の受注をこなすほどの余力も持っていなかった。しかし, 磨き屋シンジケートの発足によって, 受注に応じて参加企業がシンジケートを構成して協力するという方法で, それまでは受けることのできなかった受注も可能となった。たとえば, 参加企業の 1 社が Apple 社から受注していた iPod の裏蓋研磨を, 他の参加企業とともに手掛けるということも行われた。このような大量受注の場合, 品質の標準化をする必要があるため, 職人ごとにムラが出ないように参加企業間でノウハウの共有がなされた。また, 高野・家老 (2003) によれば, かつてピラミッドの上に位置していた元請企業に対して発注するという逆転の現象も

生じ，燕地域の生産構造を変化させるという動きがみられたとされる。

2）成長期（2005年から2009年まで）

図表6-2のように，その後，受注額は順調に伸び，参加企業は45社にまで増えたが，手掛けていたiPodの裏蓋研磨の受注は，より人件費の安い中国へと流れていってしまうことになる。しかし，2006年に，厚さ1ミリに満たないステンレスの表面に鏡面加工を施すという，非常に高い技術を用いたビアマグカップをオリジナル商品として発売する。1万円を超える商品であるにもかかわらず，泡がクリーミーとなりビールが美味しいという評判から，納品まで2年待ちとなるほどの人気を博した。そして，このビアマグカップの製造工程を減らし，より低価格で提供するために開発されたのが，ステンレス製のリユースカップ「ECOカップ」である。このように，より高い付加価値を持った商品の開発などをすることによって，共同受注グループのブランド化が図られている。

また，2007年には，研磨業の後継者育成や新規事業促進のため，「燕市磨き屋一番館」が設けられた。磨き屋シンジケートが発足し，大量の受注がくるようになったが，後継者不足の状況では生産能力も落ち，長期的に続けていくことはできない。そこで，2006年に吉田町，分水町と合併した燕市が，合併特例債を財源として創設したのである。燕研磨振興協同組合のホームページ[6]によれば，事業内容は，①研磨業の後継者や研磨業への就職を目指す者などに対して研磨の基本および応用技術の指導などを行う技能研修事業，②技能研修の修了者や研磨技能の取得者のうち，金属研磨業の開業を目指す者に対して，高度な研磨技術や事業運営方法の指導などを行う開業支援事業，③小中高生や一般企業の初心者に研磨技術に対する関心を深めてもらうことを目的とした体験学習事業が，主なものであるとされる。指導に当

---

6) http://www.tsubamekenma.com/

図表6-2 磨き屋シンジケートにおける受注額（創業期〜成長期）

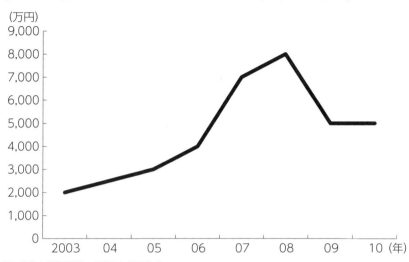

出所：燕商工会議所提供の資料より筆者作成

たっているのは，ベテランの「磨き屋」であり，3年かけて弟子を育てることを目指している。

3) 成熟期（2010年以降）

磨き屋シンジケートは，メディアで何度も取り上げられ，全国的に知名度が高まり，受注も安定するようになった。日本経済新聞（2010）によれば，成功しているモデル・ケースということで，他地域からの視察も年に2,000人に上ったとされる。新たなこととしては，有名ブランドとのコラボレーションがみられるようになった。たとえば，セレクトショップであるBEAMSとの共同開発によって，アウトドア商品を手掛けるといったことが行われている。

2010年には，燕商工会議所が「メイド・イン・ツバメ」認証事業をスタートさせた。これは，燕商工会議所内に認証委員会を設けて，燕地域で生産された製品の原産地を認証し，認証された商品に「メイド・イン・ツバメ」の

ロゴマークを使用することを許可するというものである。これによって，磨き屋シンジケートで生産している製品にもこの認証マークが付けられ，地域ブランドとして出荷されるようになった。

　また，磨き屋シンジケートは，工場訪問を積極的に受け入れ，「工場の祭典」という燕地域全体でのイベントにも参加している。このイベントは，工場をその期間に一斉開放するというものであり，燕市磨き屋一番館の見学もできるようになっている。

　本項（3.（1））ですでに述べたように，金属研磨仕上げ技能士の国家資格（国家検定制度）は，2012年に廃止されてしまった。そこで，磨き屋シンジケートでは，2016年から社内検定の導入の準備を進め，2018年に社内検定認定制度に基づき厚生労働大臣の認定を受けた。社内検定認定制度とは，企業や業界団体がそこで働く労働者を対象として独自に行う検定（社内検定）のうち，一定の基準を満たしており，技能振興上奨励すべきであると認めたものを厚生労働大臣が認定するという制度である。認定を受け，磨き屋シンジケートによる検定が実施されることになり，「研磨の技術を評価することで，若手職人の意欲向上や対外的な技術のアピールに生かせる」（読売新聞，2018）と期待されている。

　なお，**図表6-3**のように，燕地域の金属研磨業は，近年，2008年のリーマン・ショック後の減少を除けば，出荷額は伸びており，従業員数にも若干の増加がみられる。

第6章 組織間信頼の事例研究

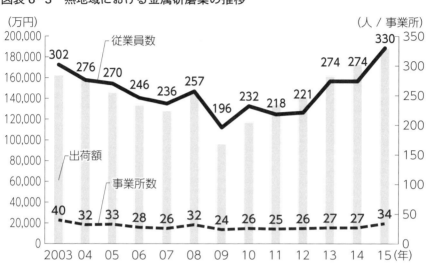

図表6-3 燕地域における金属研磨業の推移

出所：燕市ホームページ（http://www.city.tsubame.niigata.jp/）の工業統計調査結果より筆者作成

第3節

京都府南部における京都試作ネットの事例

1. 産業集積の概要

　京都には古くから数多くの伝統産業があり，何百年と続いている企業が多い。西陣や室町に代表される繊維業や伏見の酒造業など，様々な業種が集積し，職人文化が根づいた産業集積地である。また，京都のハイテク産業についても，もともとは伝統産業から生み出されたものが多く，伝統産業の職人的な世界がみられるとされる。「京様式企業」（末松，2002），「京都モデル」

117

（北，2009）とも評されるように，村田製作所，京セラ，オムロンをはじめとし，京都独自のビジョンを持つ優良企業が注目を集めてきた。しかし，末松ほか（2002）が指摘するように，京都を産業集積地として取り上げることは，これまでほとんどなされてこなかった。

　京都は閉鎖的であるというのは，昔からよく聞かれることである。そこには，「機能的な結びつきではない人脈」（末松ほか，2002，p.56）が形成され，その人脈による様々な情報収集によって，新たなビジネスへと連結していく可能性を持っているため，結果的に新規の参入者を排除してしまうという構造があるとされる。

　末松ほか（2002）によれば，京都の伝統産業においては，商人と生産者が，前者が「リスクテイカー」となり，後者が「リスクアボイダー」となるという組み合わせで存在し，両者が分業するという構造がみられるとされる。産業集積地として有名な東京都大田区などでは，下請となる「リスクアボイダー」が集積しているのに対して，京都については，「リスクテイカー」も集積の中に含まれていることが特徴として挙げられよう。

　また，産業集積の特徴である社会的分業生産体制は，西陣織や友禅染といった伝統産業においてもみることができる。つまり，職人のネットワークというものが古くから形成されていたということになる。村山（2008）によれば，こんにちでも，京都の経営者のネットワークには，京都経済同友会や京都商工会議所などによるフォーマルなものに加え，インフォーマルなものもみられるとされる。

第6章　組織間信頼の事例研究

2. 京都試作ネット

（1）設立経緯と概要

　京都試作ネットは，「顧客の思いを素早く形に変える」をコンセプトとして，2001年7月の祇園祭の日に京都府南部に所在する機械金属関連の中小企業10社が共同で立ち上げた，試作に特化したソリューション提供サービスを専門とするネットワークである。「試作？そうだ京都に頼もう」をキャッチフレーズに，京都を試作の一大集積地にするため，京都府，府内の大学と連携し，オール京都体制で，京都に世界中の開発案件を集めてこようというビジョンに基づいて活動している。

　京都試作ネットの設立の母体となったのは，京都府の機械金属加工業に従事する企業などの経営者によって構成される京都機械金属中小企業青年連絡会（通称「機青連（キセイレン）」）であり，そこでの交流をきっかけとする自主的勉強会から事業化に向けた動きが始まった。発足時の参加企業は10社であった。その目的は，参加企業に対して，試作ビジネスを通じた事業機会と参加企業相互のコミュニケーションを通じた学習機会を提供することにある。ただし，参加企業は独立性を維持し，すべての業務を試作に特化する義務はないため，ネットワーク自体は緩やかなものということができる。

　問合せ件数は，リーマン・ショック後の減少を除けば，立ち上げ以来，順調に伸びており（**図表6-4**），毎月100件の問合せ件数を目標として活動を行っているとされる。

　案件は，従来は試作加工を中心としてきたが，2012年の新生京都試作ネットの設立以降は，事業領域を拡張して，開発試作にも取り組み始めた。案件には，宇宙航空研究開発機構（JAXA）をはじめ，ハイアール（海爾集団），村田製作所，ロームなど大手の依頼も含まれている。

119

図表6-4 京都試作ネットへの問合せ件数

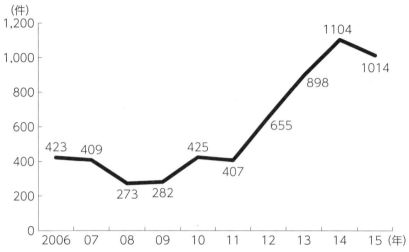

出所：京都試作ネットのホームページ（http://www.kyoto-shisaku.com/）より筆者作成

　このような京都試作ネットの成功を受け，京都試作ネット以外に9つの試作グループが京都府内に誕生した。しかし，その結果，顧客側からしてみれば，どこに頼んだらよいのかが問題となり，探索コストがかかってしまうという事態が生じることになった。そのため，窓口を一本化して欲しいという要望があり，2012年10月に，京都試作ネットが全試作グループを束ねて，新生京都試作ネットが設立された。

　京都試作ネット企画担当常任理事インタビュー（2014年12月9日）によれば，2014年12月の時点で，構成は，コア企業28社とそれ以外の参加企業70社であったとされる[7]。参加資格としては，①京都府内に所在する企業であること，②ものづくりを行う企業であること，③京都を試作の一大集積地

---

7) 2018年7月の時点では，正会員37社，シルバー会員——受注活動に制限がある——9社となっている。

にするという京都試作ネットの理念に共感していること，④経営者自らが京都試作ネットの活動に積極的に参加すること，⑤年会費として60万円を納めることなどがある。

(2) 設立母体 (機青連) との関係

京都試作ネット発足時の参加企業10社の経営者は，いずれも機青連に加入しており，その多くは，機青連の代表幹事や副代表幹事といった役職を経験している。機青連は，1982年に設立された，京都府内における機械金属加工業などに従事する中小企業の経営者の交流機構である。「育とう，育てよう，育ち合おう」という運営理念のもとで，交流を行っている。機械金属関連の中小企業は，従来，タテの連携しか持っていなかったが，同業者のヨコの連携を持たなければならないということで，当時の京都の中小企業の公社の助けを得て発足したものである。

この機青連での交流の中で，自主的勉強会である経営研究会（通称「ドラドラ会」）が1992年に始められ，Drucker（1954）の輪読が行われた。加護野ほか（2008）によれば，その理由として，機青連には職人肌の経営者が多く，マネジメントに関する知識を十分に身につけていなかったため，メンバー間で議論をする共通の下地作りをしようとしたということがあるとされる。勉強会によって，企業経営の基本は，マーケティングとイノベーションにあり，顧客の創造が最も重要であるという認識がメンバーに浸透していくようになる。勉強会は，メンバーや名称を変えながら，約9年続き，やがて，その勉強を活かして，実益となるもの，事業にできるものをということで，京都試作ネットが立ち上げられることになった。立ち上げに関わった10社は，チャーター・メンバーと呼ばれている。

(3) 入会資格

新生京都試作ネットの設立後，コア企業とそれ以外の参加企業という2つの層に分かれることになったが，京都試作ネット副代表理事インタビュー（2014年5月30日）によれば，コア企業となるためのステップ・アップとして，次のようなことが課されているとされる。

まず，コア企業1社による推薦を受けた上で，代表理事と顧問（第2代（前）代表理事）の2名による面接を受ける。面接合格後，準会員となるが，準会員の期間は最低6か月とされており，理事会や営業活動会議にオブザーバーとして参加する。準会員となった企業は，その代表者が，京都試作ネット主催の「ドラッカー講座」（全6回）を受講する。この間，顧客との直接のやりとりは不可とされており，コア企業の活動をサポートし，仕事を覚えてもらうということになる。その理由として，共通用語を覚えてもらうということと，京都試作ネットが事業に対して何を中心に考えているのかについて理解してもらうということがある。互いのお見合い期間であるということができ，この期間中に「やはり合わない」と辞退を申し出る企業もある。そして，ドラッカー講座を受講した後に，代表理事と相談役（初代（前々）代表理事）の2名による最終面接を受け，合格すれば，コア企業として認められることになる。

(4) 共同受注の仕組みと内容

京都試作ネット副代表理事インタビュー（2014年5月30日）などによれば，受注は，次のように行われるとされる。

まず，京都試作ネットのウェブサイトの入力フォーム，Eメール，FAXなどを利用した依頼があり，その情報がEメールでコア企業に一斉送信される。コア企業は週替わりで当番企業を務め，当番企業が依頼内容を確認し，担当

図表 6-5　京都試作ネットの共同受注の仕組み

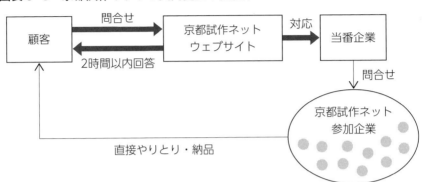

出所：京都試作ネットのホームページ（http://www.kyoto-shisaku.com/）より筆者作成

できる技術領域のリーダー企業に問合せを行う。この際，何社か担当できる企業がある場合には，基本的に，最初に手を挙げたところに割り振ることになる。幹事となる企業を決定し，顧客に対して2時間以内に見積もりを回答する，「2時間レスポンス」を徹底していることが，特徴として挙げられる。その後，幹事企業は，直接顧客とやりとりをし，製品を納入するという仕組みとなっている（図表 6-5）。受注の内容としては，あらゆる種類の試作に対応している。

ただし，コア企業によって，京都試作ネットにおける仕事量には偏りが出ている。企業によっては，京都試作ネットでの仕事での売り上げはほとんどないというところもある。

(5) 特徴

京都試作ネット副代表理事インタビュー（2014年5月30日）の時点で発足から約15年であるが，この間，参加する企業も案件も年々増加した。京都試作ネットが順調に成長してこられた理由として，同インタビューによれば，

次の4点が挙げられるとされる。

第1に，コア企業の経営者同士の信頼関係がかなり強固なことである。発足時の参加企業10社の経営者がいずれも機青連の出身であり，そこで培われた理念や，自主的勉強会による方向性の共有などの下地があったということもあるが，それに加えて，メンバーは，京都を試作の一大集積地にする，京都をよくしたいという志でつながっている。また，入会時には，こういった理念的なことをしっかりと話すようにしている。それによって，理念に賛同できないメンバーの振るい落としを行っているといえよう。

第2に，すぐに行ける距離が生み出すface-to-faceの会議を行っていることである。参加企業は，京都市内の企業が多いため，案件の相談や実物をみせながらの相談が簡単にできる距離にある。また，月に1度，参加企業訪問会を実施しているが，これには経営者だけでなく，営業活動をする従業員も参加している。そのほか，経営者のみの理事会，営業活動をする個々の企業の従業員による営業活動会議，海外に進出するための足掛かりとしての国際営業活動会議などが月に3回から4回行われ，これらはすべてface-to-faceで参加するようになっている。面と向かって互いに思いを伝えることを重視しているといえよう。

第3に，新規顧客開拓を共同で行っていることである。新規に顧客のもとを訪れる場合には，1社で行くことを禁止している。京都試作ネットのホームページを通じて連絡をしてきた顧客や展示会で出会った顧客の場合，1社だけで行っても分からないところがかなり出てくるためである。そこで，アナウンスをし，参加者を募った上で，新規顧客の訪問をするようにしている。

第4に，特に複合案件について，顧客にとっての利便性が高いことである。顧客の側からすると，相談すれば，納品までのすべてを京都試作ネットで引き受けてもらえるということになる。

124

第6章　組織間信頼の事例研究

(6) 創業期, 成長期, 成熟期

京都試作ネットでは代表理事が5年ごとに交代することになっている。そこで, 創業期（発足前, および, 2001年から2005年まで）, 成長期（2006年から2010年まで）, 成熟期（2011年以降）に分け, 構成メンバーや事業内容の変化などについて整理しておくことにする。

1) 創業期（発足前, および, 2001年から2005年まで）

本項（2.（5））ですでにみたように, 発足前から, 機青連での交流, 自主的勉強会を通じて理念を共有していったこともあり, 経営者同士の個人的なつながりが強かった。

発足から5年間は, 京都試作ネットの知名度を向上させることに取り組んだ。参加企業が全国的な賞を受賞し, 技術力の評価が知名度の向上へとつながっていった。問合せ件数も順調に増え, 売り上げは, 発足から2005年4月までで, 約4億5,000万円に上った。

また, 発足から3年間は新たにメンバーを増やそうとせず, 理念の共有と浸透に努めた。試作品を作る際には機密保持は不可欠であり, 1社でも信頼をなくしてしまえば全体に関わることから, 発注先との秘密を守ることと, 自社独自の仕事よりも優先することという約束事項が取り決められた。

発足から3年が経過した後で加入が認められた企業も, 経営者がコア企業の経営者と個人的に親しいところや, コア企業と仕事上のつながりがあるところに限られた。

2) 成長期（2006年から2010年まで）

2006年以降, 新たな代表理事のもとで, 運営方法に変化がみられるようになった。「顧客の共有」,「推進力の共有」,「リソースの共有」という3つの資源の共有を方針として掲げたのである。営業の共有については, 個々の企業

125

の営業担当者を営業活動会議に1名以上参加させ，営業ノウハウの共有をするようになる。

また，それまで同じ事業領域のメンバーは増やさずにやってきたが，京都を試作の一大集積地にするという当初からの目的を達成するために，メンバーを徐々に増やしていくことも行われた。

さらに，試作の評価が量産の受注につながるというケースもみられるようになった。

3）成熟期（2011年以降）

2011年，代表理事は3代目となり，新たに，「顧客の創造」，「市場の創造」，「価値の創造」の3つの創造という方針が掲げられた。「顧客の創造」では，案件を倍増させ，5年累計で25億円の売上目標を達成するとした。「市場の創造」では，新たに国際営業部を設立して，世界に事業を展開していくことを目指し，また，それと関係するが，これまで「試作」としていたのを「SHISAKU」というローマ字表記に変え，SHISAKUを世界共通語とすることを目指すとした。そして，「価値の創造」では，5年後に参加企業の数を50社とすることを目指し，また，開発試作を視野に入れ，オール京都体制を推進していくとした。

2012年10月に，京都試作ネットが京都府内のほかの試作グループを束ねて，新生京都試作ネットが設立された。これによって，参加企業が急激に増加することになり，事業領域が拡大した。すなわち，ものづくりの上流工程に位置する設計を担う企業の参加によって，新たに設計からものづくりまでのすべてを顧客に提供することができるようになったため，従来の試作加工に加え，開発試作が手掛けられるようになったのである。

また，メディア戦略を積極的に行っており，様々なメディアで京都試作ネットの紹介がなされたり，京都試作ネットの参加企業の特集が組まれたりすることで，新たな顧客が増えている。

第6章　組織間信頼の事例研究

さらに，国内において一定の実績を残せているとし，海外，特に欧米地域への展開がみられるようになった。2012 年には国際事業部が発足し，英語版のホームページが作成されている。国内と比べると知名度は高くないため，海外からの受注は月に 1 件あるかないかであるが，海外で行われる展示会には年に 2，3 回参加している。

以上のほか，海外の企業の研究開発拠点を誘致する活動を行っている。2012 年には中国の家電大手であるハイアールが「洗濯機 R&D センター」を開設し，京都試作ネットとともに洗濯機の新製品開発を進めている。開発試作を重視するようになっているといえよう。

2015 年までで，京都試作ネットへの相談実績は 6,000 件を超え，発足時には 10 社だった参加企業は 100 社を超えている。2013 年までの 12 年間では，売り上げは約 22 億円に上る。日本経済新聞（2015）によれば，今後は，中長期的に 500 社の参加を目指しているとされる。

また，2016 年には，15 周年を迎え，新たに 4 代目の代表理事が就任した。「ものづくりの枠組みをかえる」というテーマのもと，「実現の枠」，「提供価値の枠」，「ものづくりの枠」という 3 つの枠を変えることが目標とされている。

なお，京都試作センター株式会社——京都府の支援を受け，関西の製造業を中心とした大手企業が出資して 2006 年に設立された——との融合を図るため，2016 年には，それまで任意団体であったのが，一般社団法人化することになった。

127

第 **7** 章

組織間信頼の
形成・維持の
メカニズム

本章では，まず，第5章まででみた組織間信頼の形成・維持の要因（個人間信頼，制度・規範，知識，アイデンティティ）が前章で紹介した2つの事例においてみられるのかを検証する。そして，その上で，組織間信頼の形成・維持のメカニズムを提示することにする。

第1節

事例分析

1. 事例の比較

(1) 主な特徴

　磨き屋シンジケートと京都試作ネットの主な特徴を示したのが，**図表7-1**である。磨き屋シンジケートは新潟県燕地域，京都試作ネットは京都府南部に所在するものであるが，燕地域も京都府南部も，古くから産業が集積してきたという歴史的背景があり，他の地域からの新規参入については閉鎖的である。他方，磨き屋シンジケートは，研磨業の同業者によって構成されるものであるため，組織間の競争の程度が高いのに対して，京都試作ネットは，主に機械金属加工業者によって構成されてはいるものの，機械金属加工業といっても，企業によって事業内容はかなり異なるため，組織間の競争の程度は高くはないといえよう。共同受注の内容は，磨き屋シンジケートでは既存の技術を活かしたものであるのに対して，京都試作ネットでは試作というそれまで手掛けたことのない新たなものである。また，磨き屋シンジケートの場合，燕商工会議所が事務局機能を果たしているのに対して，京都試作ネットの場合，コア企業が事務局機能を果たしている。

130

第7章　組織間信頼の形成・維持のメカニズム

図表7-1　2つの共同受注グループの主な特徴

	磨き屋シンジケート	京都試作ネット
地域産業	金属加工	繊維業，酒造業をはじめとする伝統産業
歴史的背景	江戸時代からの産業集積地	伝統産業の産業集積地
地域文化	閉鎖的	閉鎖的
競争の程度	高（同業種）	低～中（異業種）
発足	2003年	2001年
事業内容	研磨加工	試作加工，開発試作
構成	受注幹事7社，共同受注部会員14社，技能士部会員8社，賛助会員13社（2011年10月時点）	コア企業28社，それ以外の参加企業70社（2014年12月時点）
事務局機能	燕商工会議所	コア企業が週当番で窓口を担当
形態	共同受注	共同受注
受注グループ内の情報開示	オープン	オープン

出所：筆者作成

(2) リンケージ企業の存在

　高岡（1998）は，産業集積内の企業の中で，集積内にある生産現場と集積外にあるマーケットとをつなぐ役割を果たす企業をリンケージ企業と呼び，リンケージ企業があることによって，集積内と集積外との間の情報の非対称性を解決し，取引費用を低減させることができるとする。なお，地理的近接性が高いと，評判を通じた相手の取引情報の得やすさや判断のしやすさがあるため，リンケージ企業は，産業集積内に立地することが求められる。リンケージ企業の役割には，①産業集積内の生産に関わる，生産コーディネート機能，②生産情報と集積外の需要に関わる情報とをつなぐ，需給コーディ

131

ネート機能，③集積内と集積外の取引主体の機会主義的行動をガバナンスする仕組みとして行動情報を保有する，取引ガバナンス機能があり，高岡が行った東京都大田区におけるリンケージ企業の調査によれば，9割以上の企業が①と②を兼ね備えていたとされる。

　磨き屋シンジケートの場合，受注の窓口である燕商工会議所が②を果たしている。①は，産業集積内の企業の技術水準や職人，設備の稼働状況を把握して調整することであるが，燕商工会議所だけでなく，受注幹事企業もその機能を果たしていると考えられる。③に関しては，産業集積外からの受注があった場合の，与信調査の調査会社への依頼，その結果の受注幹事企業への提供を行っていることから，燕商工会議所がその機能を果たしていると解される。すなわち，磨き屋シンジケートでは，燕商工会議所が基本的にはリンケージ企業の役割を果たしているが，受注幹事企業もある程度リンケージ企業として機能しているということができる。

　他方，京都試作ネットでは，3つの機能のすべてをコア企業が果たしていると考えられる。

2. 組織間信頼の形成・維持の要因

(1) 個人間信頼

　第4章（第1節）でみたように，組織間信頼の出発点は，境界連結者間の個人間信頼であると考えられる。境界連結者は，組織間関係において組織の境界に位置し，情報の探索，収集，処理という役割を果たし，相手組織との連結機能を担うとともに，相手組織の脅威から組織を防衛する境界維持という機能を担う者であるということができる。

　事例については，磨き屋シンジケートにおいても，京都試作ネットにおい

ても，経営者が境界連結者の役割を果たしているといえよう。磨き屋シンジケートにおいては，参加企業のほとんどが10人以下の従業員で構成されており，それが2，3人というところも珍しくないため，連結機能を果たすのは経営者となっていると解される。また，京都試作ネットにおいては，個々の企業の代表として参加するのは，経営者か，企業内で意思決定を下す権限を持つ個人と限定されているため，やはり，境界連結者となっているのは，基本的には，経営者であると考えられる。

　それでは，境界連結者間の個人間信頼は，どのような要因によって形成されるとみるべきであろうか。

1）縁故的要因──社会的アイデンティティ，共通の価値観，コミュニケーション頻度の高さ

　本書は，リーダー同士が友人あるいは知り合いであることや，社会的なつながり，感情的な結びつきといった，一定の関係があることを前提として形成される組織間信頼を縁故に基づく信頼と名づけ，その形成要因と維持要因について考察してきた。

　まず，第3章（第2節）において，組織が自らにとってポジティブな社会的アイデンティティを獲得しようとすることから，社会的アイデンティティは組織間信頼の形成に関係しているのではないかと述べた。そして，社会的アイデンティティが組織間信頼の形成に関わるとするならば，それは，類似した属性を有する組織と組織であり，かつ，その所属に対して，それぞれがポジティブな社会的アイデンティティを獲得している，あるいは獲得しようとしている場合ではないかとした。

　事例において，磨き屋シンジケートは，同じ燕地域という金属加工の産業集積地に属している研磨業者の集まりである。しかし，この産業集積地に属しているということで社会的アイデンティティを獲得しているのかは，明らかでない。燕地域は，産業集積地として全国的に有名ではあるが，集積内に

133

ある企業は，集積しているという意識，認識をあまり持っていないといわれているからである（燕三条地場産業振興センター産業振興部インタビュー（2011年9月16日））。しかし，磨き屋シンジケートの母体である燕研磨工業会は社会的カテゴリーであると解され，それは燕地域と研磨業の活性化を目的としたものであるから，そこに所属することでポジティブな社会的アイデンティティの獲得がなされていると考えられる。他方，京都試作ネットは，同じ京都府南部に所在する機械金属加工業者などの集まりであり，発足時の参加企業10社の経営者は，機青連に所属していた。京都試作ネットについては，機青連と自主的勉強会（ドラドラ会）が社会的カテゴリーであると解され，それらへの所属が自主的なものであることから，ポジティブな社会的アイデンティティを獲得できると考えられているように思われる。

このように，共同受注グループを発足させる前の社会的アイデンティティの獲得は，双方においてみられるが，磨き屋シンジケートにおいても，京都試作ネットにおいても，社会的アイデンティティを獲得しているのは，経営者（個人）であり，組織レベルでそれを獲得できているわけではない。そうすると，発足前に獲得している社会的アイデンティティについては，個人間信頼の形成要因であると解される。

次に，第1章（第2節3.（3））でみたように，酒向（1998）は，経済的合理性のみでは説明のつかない組織間信頼として位置づけられる善意に基づく信頼の成立には，共有化された価値観（規範的価値観）の存在に加えて，非限定的コミットメントや相互性に関する特別な規範（規範的基準）の存在が必要であると指摘している。後者については本項（2.（2）1））でのちに検討することにし，以下では，前者についてみることにする。

磨き屋シンジケートの参加企業は，同業者同士であり，燕地域あるいはその近隣に所在している。もともとはライバル意識が強いとされてきたが，燕地域が厳しい状況に置かれ，地域を，研磨業を何とか活性化していかなければならないという共通の価値観（酒向（1998）のいう共有化された規範的価

第7章 組織間信頼の形成・維持のメカニズム

値観）を持っている。これらは，磨き屋シンジケートに参加する前から持っていた共通の価値観である。また，磨き屋シンジケートの母体である燕研磨工業会は研磨業者が交流を行う場であるが，ここでの勉強会で共同受注の運営方針について話し合いを進めていったのが磨き屋シンジケート発足のきっかけとなっており，事業についての共通の価値観を醸成していったとみることができる。

京都試作ネットは，「京都の歴史と風土の中で事業を営み，京都の企業であることにこだわり続けてきた中小企業がネットワークを組むことによって設立された」（加護野ほか，2008，p.215）。京都試作ネットの参加企業は，主に機械金属加工業に従事し，京都府南部に所在している。そこで，地域について共通の価値観を持っていると考えられる。また，発足時の参加企業10社の経営者は，機青連での交流やその後の長期にわたる自主的勉強会を通じて，企業経営の基本についての理解を共有し，事業に対する共通の価値観を持っていたということができる。

以上のことから，どちらの事例においても，個々の企業は地域的，文化的，業種的に類似した属性を有し，共同受注グループに参加する前に地域や事業に対する共通の価値観があったということができる。

しかし，こうした共通の価値観を持っているのは個々の企業の経営者である。そうすると，共通の価値観は個人間信頼の形成要因となっていると解されることになろう。

さらに，第5章（第1節2.(3)）で述べたように，組織間コミュニケーションは，2つ以上の組織間の情報交換および意味形成のプロセスと捉えられ，その担い手として境界連結者が考えられる。そして，第3章（第1節2.）でみたように，酒向（1998）は，善意に基づく信頼について，「能力に対する信頼を築く過程および将来的な契約を遂行する予測において求められる，取引パートナー同士の頻繁な相互作用ならびに技術的，商業的情報の開示によって」（p.107）生み出されるものであるとする。

135

磨き屋シンジケートに関しては，燕研磨工業会の勉強会で共同受注の運営方針について話し合いを進めていったのが発足のきっかけとなっていることから，境界連結者である経営者同士のコミュニケーションが密に行われていたということができる。また，京都試作ネットについても，自主的勉強会によって発足が実現したことから，境界連結者である経営者同士のコミュニケーションは密であったといえよう。そこで，コミュニケーション頻度の高さが，組織間信頼の出発点である個人間信頼の形成に関わっていると考えられる。

2) 知識

(a) 評判・情報

第5章（第1節1.）において，第1章（第2節3.(2)）でみた知識型信頼について再考して，知識型信頼が成立するために必要であるとされている知識のうち，相手の評判や情報を通じて得た知識は，境界連結者が相手組織に関する評判や情報を集めてくることによって得られるものと考えられ，個人間信頼の形成要因ではないかとした。

事例をみても，相手の評判や情報を通じて知識を得るのは，境界連結者――相手組織の境界連結者と接触する――であると考えられる。そして，どちらの事例でも，事前の交流の中で得られた情報は，そこで処理され，相手の能力を評価することに作用していると解される。

(b) 知識共有――共通経験による目的・理念の共有

第5章（第1節2.(2)）において，知識型信頼が成立するために必要であるとされている知識のうち，相手と共有している知識，あるいは相手との間で新たに創り出した知識は，個人間信頼の形成，個人間信頼から組織間信頼への転換，および，組織間信頼の維持のすべてに関わるのではないかとした。そして，組織間の知識共有は，まず，境界連結者間で経験を共有すること（共通経験）で行われると考えられる。

第7章　組織間信頼の形成・維持のメカニズム

磨き屋シンジケートでは，燕地域と研磨業の活性化という目的の共有が，京都試作ネットでは，京都を試作の一大集積地にするという志，すなわち，理念の共有があり，これらは，上記の知識共有に当たるといえよう。そして，共通経験としては，磨き屋シンジケートについて，発足時の参加企業22社の経営者の燕研磨工業会での交流や勉強会を，京都試作ネットについて，発足時の参加企業10社の経営者の機青連での交流やその後の長期にわたる自主的勉強会を挙げることができる。

(2) 個人間信頼から組織間信頼への転換

本書は，組織間信頼の出発点は境界連結者間の個人間信頼であり，個人間信頼が形成された後，それが組織間信頼へと転換していくのではないかとして，考察してきた。そして，その転換には，境界連結者が，まず，相手組織を信頼し，次に，相手組織が信頼できるということを組織のメンバーに伝え，その後，そのような理解が当該組織内に浸透していくというプロセスがあると考えられる。

それでは，個人間信頼から組織間信頼への転換には何が関わっているのであろうか。

1) 制度・規範

第4章（第2節，第3節）で述べたように，組織間信頼の形成に関わる制度について組織論の観点から考察する場合，制度そのものではなく，制度化されたルールを手掛かりとしてみていく必要があり，制度化されたルールとしての規範が組織間信頼の形成に関わっていると考えられる。そして，境界連結者間の個人間信頼が組織間信頼へと転換していくのに規範が関わっているのではないかが問題となる。

そこで，事例をみてみると，磨き屋シンジケートでは，共同で作成された

137

マニュアルがあることによって，共同受注グループ内でどのような行動をするのが適切であるかが示されている。この点で，Simon（1997）は，マニュアルの作成は，メンバーが組織構造と様々な方針に関して共通の理解を持っているのかを確認するのに役立ち，また，新規のメンバーに方針を知らせる手段となるとする。そして，共同受注グループにおけるマニュアルが，メンバー間で自明視された慣行として存在しているということになるように思われる。つまり，共同受注マニュアルが，制度化されたルールとしての規範であると解される。

　他方，京都試作ネットには，磨き屋シンジケートにみられるような，明文化されたマニュアルは存在しない。しかし，規範が，共同で創り出され，組織間でこうだと期待する基準であるとするならば，それは，コア企業となるまでの流れの中で形成され，受容されていると考えられる。特に，入会にあたってドラッカー講座を受講させることは，共通用語を覚えさせるということと，京都試作ネットが事業に対して何を中心に考えているのかについて理解させることを狙いとしている。また，コア企業となるまでの最低6か月間，他の組織の活動のサポートをして仕事を覚えるようにしていることから，仕事のやり方などがこれからコア企業となる組織に伝達されていく。以上のように，入会資格を厳格なものとすることによって，入会したメンバーが京都試作ネットの中でどのように行動すればよいのかを理解するようになる仕組みが設けられている。「入会の際に，まず志ですよというのを大前提に募集をすると，やはりお金でという目的での方は寄ってこられないです」（京都試作ネット副代表理事インタビュー（2014年5月30日））とされるように，入会前にメンバーの振るい落としも行われているのである。このことから，京都試作ネットにおける規範は，明文化されてはいないが，インフォーマルな形で存在しているといえよう。

　規範の存在によって期待できるのは，相手組織の行動についての予測可能性が高まり，不確実性が低減されることである。そこで，規範は，個人間信

第7章　組織間信頼の形成・維持のメカニズム

頼の形成要因であるとともに，個人間信頼が形成された後，境界連結者が，まず，相手組織を信頼し，次に，相手組織が信頼できるということを組織のメンバーに伝え，その後，そのような理解が当該組織内に浸透していくというプロセス，すなわち，個人間信頼から組織間信頼への転換に影響を及ぼすものでもあるように思われる。

2）知識
（a）評判・情報

　本項（2.（1）2）（a））ですでに述べたように，相手の評判や情報を通じて得た知識は，境界連結者間の個人間信頼の形成要因であると解される。しかし，境界連結者には，外部から情報を獲得し，その情報を内部の者に広めるという機能があるとされる。つまり，境界連結者が組織のメンバーに対して相手組織の評判や情報，所属している受注グループの評判や情報を伝えていくことになるが，それによって，個人間信頼が組織間信頼へと転換していくと考えられる。

　なお，組織のメンバーに伝えられた評判や情報が受注グループについてのそれである場合には，受注グループを評価することで，結果的に受注グループに属する相手組織を信頼するということがあると解される。

　また，評判としては，境界連結者から伝えられるものだけでなく，外部から伝えられるものもありえよう。磨き屋シンジケートと京都試作ネットの双方についてみられたことであるが，共同受注グループの知名度が上がるにつれて，メディアで取り上げられることが多くなり，メディアでの評判を聞いた組織のメンバーが，所属している共同受注グループに対してよい印象を持つということがある。この点で，たとえば，京都試作ネットではメディア戦略を積極的に行っており，京都試作ネットだけでなく，個々の参加企業もメディアで取り上げられている。

139

（b）知識共有

　第5章（第1節2.（2））において，野中・米山（1992）は，組織間関係の基本となるものとして形式知と形式知の共有および変換過程である連結化があるとするが，それは，個人間信頼から組織間信頼への転換と，組織間信頼の維持に関わるのではないかとした。連結化の具体的な概念としては情報接触が挙げられ，それには，意識的なものもあれば，無意識的なものもあり，日常的な活動の中で，製品技術，仕様や，計画，開発の基本的な方向性について情報を交換し合うこと，業界雑誌で他社の情報を得ることなど，その内容は様々である。

　磨き屋シンジケートでは，共同受注をするために，手作業である研磨に職人ごとにムラが出ないようにする必要があることから，参加企業間でノウハウを共有し，品質，技術の標準化をする旨が共同受注マニュアルに記されて，相互学習をする仕組みが設けられている。京都試作ネットでは，営業ノウハウの共有がなされている。また，互いの企業の訪問や集まりの頻度が高いことからも，情報の共有が積極的に行われていると考えられる。

　どちらの事例でも，組織間で知識共有はオープンに行われているが，上記の知識共有は，境界連結者間で行われるものと，組織間で行われるものとでは，その性質が異なるように思われる。知識共有には，ビジョンを共有する──それにとどまる──というものと，ノウハウまで共有するというものが考えられる。そして，組織間信頼の維持段階では，ノウハウの共有がなされ，個人間信頼から組織間信頼への転換との関係では，主にビジョンの共有による相手組織の行動についての不確実性の低減が問題となるといえよう。

　そこで，組織間信頼が形成されていることが知識共有の前提であると説くものもある（Inkpen & Tsang, 2005）が，知識共有は，本項（2.（1）2）（b））ですでにみたように，まず，個人間信頼の形成要因となり，さらに，個人間信頼から組織間信頼への転換，組織間信頼の維持にも関わることになる。

140

3）アイデンティティ──社会的アイデンティティ

　第3章（第2節2.）において，組織が自らにとってポジティブな社会的アイデンティティを獲得しようとすることから，社会的アイデンティティは，組織間信頼の形成と維持の双方に関係しているのではないかとした。そして，本項（2.（1）1)）ですでにみたように，それは，まず，組織間信頼の出発点である個人間信頼の形成に関わっていると考えられる。

　他方，発足後の磨き屋シンジケートや京都試作ネットへの所属は，個々の組織がポジティブな社会的アイデンティティを獲得するためにしているとみることもできる。磨き屋シンジケートに関しては，もともと仕事上ではヨコのつながりがほとんどなかった研磨業者にとって，共通の場が提供されることで，受注が増え，技術の共有も可能となるというメリットがある。京都試作ネットに関しては，学びの場と捉えられており，自社の強みをメンバーから教えてもらう機会にあふれているとされる。実際，京都試作ネットに所属したことによって，新分野，新事業へと開拓していくメンバーも多く，それが他のメンバーにとっても刺激となっており，個々の組織にとってポジティブな社会的アイデンティティが得られているように思われる。そうすると，個人間信頼から組織間信頼への転換と，組織間信頼の維持についても，社会的アイデンティティが関係していると考えられる。

　なお，共同受注グループの発足前と発足後では，獲得されている社会的アイデンティティは異なるということになろう。そして，発足前の社会的アイデンティティ（燕研磨工業会や機青連などへの所属）は，個人間信頼の形成要因となり，発足後の社会的アイデンティティ（磨き屋シンジケートや京都試作ネットへの所属）は，個人間信頼から組織間信頼への転換と，組織間信頼の維持に関わるものと考えられる。

　また，第5章（第2節2.）で論じた再カテゴリー化については，特に磨き屋シンジケートにおいて行われているとみることができるように思われる。再カテゴリー化は，たとえ相手が外集団に位置していたとしても，より上位

の集団があれば，同じ内集団に位置すると捉えることができるというものである。つまり，磨き屋シンジケートという新たな社会的カテゴリーを設け，新たな社会的アイデンティティを形成することによって，組織に同じカテゴリーに属しているという帰属感を生じさせ，ライバル関係にあるという意識を低減させていると考えられる。

(3) 組織間信頼の維持

1）アイデンティティ――アイデンティフィケーション（価値の共同創出）

　第5章（第2節1.）において，アイデンティフィケーションは，組織間信頼の維持要因であり，共通の価値を組織間で創出すること（価値の共同創出）――Lewicki & Bunker（1996）が挙げる，共通のアイデンティティの開発，場所の共同使用，共同製品を作ることや共通の目標を創り出すこと，共有された価値へのコミットメントという4つの活動を含む――が決定的な意味を持っているのではないかとした。

　磨き屋シンジケートでは，共同受注をするだけでなく，オリジナル・ブランドとして，ステンレスのビアマグカップなどの商品開発を行い，全国から注文を受けるヒット商品を製造している。そのため，商品の企画から，開発，営業，販売を，共同で行っている。オリジナル・ブランドを開発するきっかけとなったのは，手掛けていたiPodの裏蓋研磨の受注が，より人件費の安い中国へと流れていってしまったため，それまで培った高い研磨技術を活かした製品を新たに開発できないかということであった。宮本（2010）は，ビアマグカップを商品化するまでに何度も試作を重ねていく中で，メンバー間での仲間意識が高まっていったとする。そこで，オリジナル製品を作って新たなブランドを創り出すという価値の共同創出が，組織間信頼の維持要因の1つとなっていると考えられる。

　他方，京都試作ネットは，京都を試作の一大集積地にするということを共

通の目標として掲げて活動している。また，2012年の新生京都試作ネットの設立とともに，試作加工から事業領域を拡大して，開発試作に取り組み始め，参加企業は新たな挑戦をするということになった。それによって，共通のアイデンティティの開発という価値の共同創出がなされているように思われる。

2）知識——組織間コミュニケーション

組織間コミュニケーションについては，その担い手である境界連結者が果たす役割が大きいと指摘されており（山倉，1993），また，本項（2.（1）1））ですでに述べたように，境界連結者間のコミュニケーション頻度の高さは個人間信頼の形成要因であると解される。

しかし，第5章（第1節2.（3））で述べたように，組織間コミュニケーションは，組織間信頼の維持にも関わっているように思われる。京都試作ネットについては，発足前だけでなく，現在に至るまで，境界連結者である経営者同士のコミュニケーションが密であって，「『あ，ここはこういうことしたらあかんな』とか，そういうところを間近のメンバーをみながらやっているので，ここはしたらだめだというのが信頼関係につながっていると思いますね」（京都試作ネット副代表理事インタビュー（2014年5月30日））といわれているが，このように個人間信頼から組織間信頼への転換の後も境界連結者間のコミュニケーション頻度が高い場合は，それは，組織間信頼の維持に影響を及ぼしていると考えられる。これは，境界連結者間のコミュニケーション頻度の高さが組織間信頼の維持要因であるというよりは，コミュニケーション頻度の高さを基礎とした個人間信頼が，組織間信頼の維持要因であるということであろう。

いわばゼロから関係を築き上げて組織間信頼を形成する場合と縁故に基づく信頼を形成する場合では，組織間信頼の形成要因は異なるが，第2章（第

図表7-2 組織間信頼の形成・維持

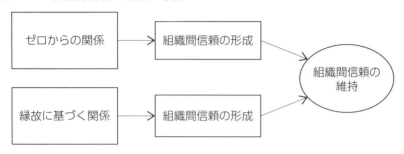

出所：筆者作成

2節）で検討した組織間信頼の維持要因と本項（2.（2），（3））で検討した縁故に基づく信頼の維持要因とを比較すると，それらは，基本的には，同じものということができる（**図表7-2**）。

また，そもそも，縁故に基づく信頼は，経済的合理性と完全に無関係というわけではなく，自己利益の追求が他の要因によって抑えられている状態であるように思われる。そして，形成要因と維持要因は，組織間の関係によって質や程度に違いをみせながらも，組織間信頼を形成し，維持していくと解される。

第2節

結論──組織間信頼の形成・維持メカニズムの提示──

第1章から第5章までの考察および前節における事例の検討から，**図表7-3**のようなメカニズムを導出することができるように思われる。

まず，境界連結者間の個人間信頼が組織間信頼の出発点となるが，個人間信頼の形成要因として，①経済的合理性，②共通経験による目的・理念の共有，および，規範，③評判・情報が挙げられる。

第 7 章　組織間信頼の形成・維持のメカニズム

　組織間信頼とは，基本的に，相手の意図と能力に対する期待であると考えられるが，①は，意図に対する期待に関わるものといえよう。

　②の共通経験による目的・理念の共有という知識共有は，規範とともに，相手の意図に対する期待に関わるものと解される。③については，相手の評判や情報を通じて得た知識が相手の能力に対する期待に関わるということができる。

　これらに加えて，組織間に事前に一定の関係がある場合には，④社会的アイデンティティ，共通の価値観，コミュニケーション頻度の高さが個人間信頼の形成要因として挙げられる。これらを，縁故的要因と呼んでおく[1]。このうち，社会的アイデンティティは，相手の意図や能力に対する期待とは関係のないものと考えられる。これに対して，共通の価値観は，相手の意図に対する期待に関わるものといえよう。コミュニケーション頻度の高さも，基本的には，やはり，相手の意図に対する期待に関わるものとみることができる。

　次に，個人間信頼が形成された後，それが組織間信頼へと転換していくためには，境界連結者が，相手組織の境界連結者だけでなく，相手組織を信頼する必要がある。そして，境界連結者は，相手組織が信頼できるということを組織のメンバーに伝え，その後，そのような理解が当該組織内に浸透していくことになる。この点で，⑤相手組織にとって経済的合理性が認められることや，⑥規範が存在していることによって，相手組織の行動についての不確実性が低減され，相手の意図に対する期待が生じる。また，⑦相手組織や共同受注グループについての評判や情報が伝わることによって，相手組織の行動についての不確実性が低減され，相手の能力に対する期待が生じ，境界連結者と組織のメンバーの相手組織に対する信頼が形成されると考えられる。

---

1)　組織間信頼のうち，縁故に基づく信頼に固有のものであるため，**図表 7-3** では，他とは異なる線で囲った。

145

図表 7-3　組織間信頼の形成・維持のメカニズム

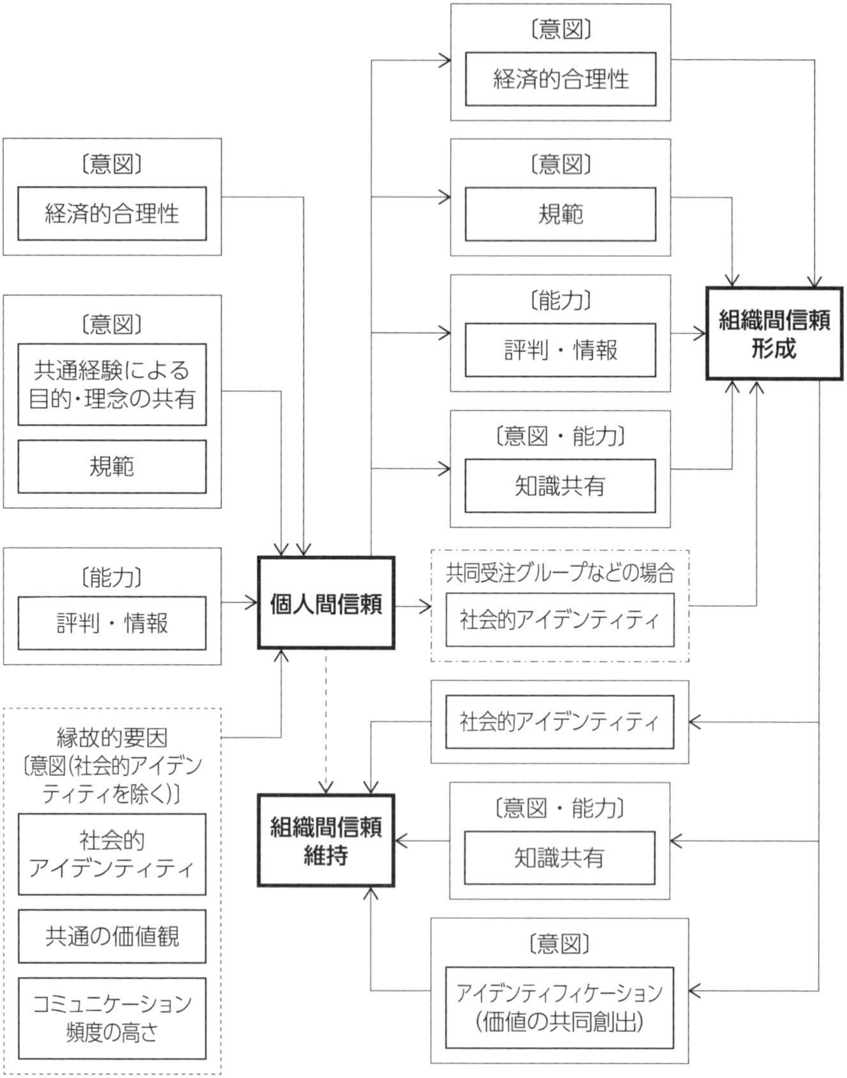

〔意図〕
経済的合理性

〔意図〕
経済的合理性

〔意図〕
規範

〔意図〕
共通経験による
目的・理念の共有

規範

〔能力〕
評判・情報

〔意図・能力〕
知識共有

組織間信頼
形成

〔能力〕
評判・情報

個人間信頼

共同受注グループなどの場合
社会的アイデンティティ

縁故的要因
〔意図（社会的アイデン
ティティを除く）〕

社会的
アイデンティティ

共通の価値観

コミュニケーション
頻度の高さ

社会的アイデンティティ

組織間信頼
維持

〔意図・能力〕
知識共有

〔意図〕
アイデンティフィケーション
（価値の共同創出）

出所：筆者作成

第7章　組織間信頼の形成・維持のメカニズム

　さらに，⑧知識共有に関しても，ビジョンやノウハウの共有が行われることで，やはり，相手組織の行動についての不確実性が低減され，相手の意図と能力に対する期待が生じるとみることができる。

　なお，本書で扱った事例のように，共同受注グループに属する組織と組織であるような場合，個人間信頼から組織間信頼への転換の要因には，⑨共同受注グループが持つ社会的アイデンティティの獲得によって，同一のカテゴリーに属する相手組織への内集団びいきが生じ，その結果として相手組織を信頼するということがあると解される[2]。これは，相手の意図や能力に対する期待とは関係のないものといえよう。

　組織間信頼の形成後，維持要因となるものには，⑩社会的アイデンティティ，⑪知識共有，⑫アイデンティフィケーション（価値の共同創出）が含まれる。⑪は，相手の意図と能力に対する期待に関わり，⑫は，相手の意図に対する期待に関わるものであるのに対し，⑩は，相手の意図や能力に対する期待とは関係のないものと解される。

　なお，京都試作ネットのように，個人間信頼から組織間信頼への転換の後も境界連結者間のコミュニケーション頻度が高い場合は，⑬コミュニケーション頻度の高さを基礎とした個人間信頼が，組織間信頼の維持要因となっていると考えられる[3]。

---

2) 共同受注グループなどの場合に限られるため，**図表 7-3** では，他とは異なる線で囲った。
3) **図表 7-3** では，他とは異なる点線の矢印で示した。

147

終　章

以上，7章にわたり，組織間において信頼関係がどのように形成され，維持されるのか，すなわち，組織間信頼の形成・維持のメカニズムについて考察してきた。最後に，本章では，本書の貢献と限界，今後の課題について述べることにする。

第1節

本書の貢献

　本書の貢献は，以下のとおりである。

　第1に，組織間信頼の形成・維持のメカニズムについて考察したことである。組織間信頼の研究の理論的蓄積は増えてきているが，組織間信頼の形成・維持のメカニズムは，明らかにされていない。そこで，本書は，先行研究を検討し，組織間信頼の形成・維持の要因となるものについて考察した上で，事例研究を行い，組織間信頼の形成・維持のメカニズムを提示した。

　第2に，経済的合理性のみでは説明のつかない組織間信頼について考察したことである。先行研究の多くは，組織と組織が，互いについての情報がほとんどなく，ゼロから関係を築き上げていくことを前提に，自己利益の追求を信頼形成の出発点としてきた。しかし，実際の取引においては，組織と組織との間に事前に一定の関係がある場合があり，本書は，そのような組織間信頼の形成・維持について検討した。

　第3に，組織間信頼との関係で個人間信頼が果たす役割の重要性を指摘し，組織間信頼は個人間信頼を出発点として形成され，維持されていくのではないかとして，考察したことである。先行研究には，個人と個人との間の信頼と組織と組織との間の信頼のいずれかについて論じるものが多く，双方を問題とするものはほとんどみられない。しかし，組織間信頼の形成・維持のメカニズムについて考える場合，組織と組織との関係だけでなく，組織の

150

終 章

中の個人のことも考慮する必要があると解される。そこで，本書は，組織間信頼の出発点は異なる組織に属する個人と個人による個人間信頼であると仮定し，2つ以上の異なる組織の間で境界を越えてそれらを結びつける役割を果たすとされる境界連結者について検討した。

第**2**節

本書の限界，今後の課題

本書の限界と今後の課題としては，以下のことが挙げられる。

第1に，検討した事例は，同一の産業集積地に属する企業による共同受注グループであり，提示した形成・維持メカニズム（**図表7-3**のうち，縁故に基づく信頼に固有のものである縁故的要因を除いた部分）がすべての組織間信頼について当てはまるのかは，明らかでない。そこで，組織と組織で互いについての情報がほとんどない場合の事例もみていくことによって，提示した組織間信頼の形成・維持メカニズムの適用可能性について検証する必要があるように思われる。

第2に，縁故に基づく信頼の形成・維持に関しては，経済的合理性以外の要因をみてきたため，経済的合理性との関係が明らかでない。前章（第2節）で述べたように，縁故に基づく信頼の形成・維持についても経済的合理性が一定の役割を果たすことは否定されるわけではなく，自己利益の追求が他の要因によって抑えられていると考えられる。そこで，経済的合理性と経済的合理性以外の要因との関係を整理することが必要となるといえよう。

第3に，境界連結者は常に経営者であるとは限らず，大きな組織となればなるほど境界連結者の数も増え，複雑になっていくと考えられる。そのような場合，個人間信頼の形成要因が変わる可能性があるように思われる。

また，あえて境界連結者ということで検討したが，事例で取り上げたよう

な小規模の企業であれば，境界連結者の機能を果たしているのは経営者に限定されることが多く，その場合には，たとえば，リーダーは，組織に価値を注入し，制度化する役割を果たすため，環境変化に注意を払いつつ，組織メンバーに対しては，共感できるようなビジョンや目標，戦略を示し，組織目標を実現する制度的リーダーシップが求められるとする議論（Selznick, 1957）から，伝達機能について考察するという方法もありうるように思われる。

第4に，組織間コミュニケーションについて，事例を検討した結果，境界連結者である経営者同士のコミュニケーションが密であり，組織間信頼の形成と維持の双方に関わるのではないかとしたが，どの程度のコミュニケーションがあれば組織間信頼の形成・維持に有効であるのかといった，コミュニケーションの頻度などに関することについては，明らかにならなかった。

第5に，本書は，水平的な関係を想定し，組織間のパワー関係やそこで生じるコンフリクトについて考察していない。この点で，組織間信頼を形成・維持する要因もあれば，それを阻害する要因もまた存在すると考えられる。そこで，組織間信頼の形成・維持の阻害要因について考察する必要があるといえよう。

既発表論文

　本書の一部は，既発表論文をもとにしている。いずれについても，大幅に加筆修正を加えているが，おおよその対応関係は，以下のとおりである。

川﨑（2009）：第2章第1節
川﨑（2011）：第1章第2節，第2章第2節
川﨑（2013）：第4章第2節
川﨑（2014）：第4章第3節，第6章第2節

参考文献

Adam Smith (1789) *An Inquiry into the Nature and Causes of the Wealth of Nations, 5th ed., Vol.1* (Cannan, E. (ed.) (1904) Methuen & Co.) [水田洋監訳・杉山忠平訳 (2000) 『国富論1』岩波文庫].

Adams, J.S. (1976) "The Structure and Dynamics of Behavior in Organizational Boundary Roles", in Dunnette, M.D. (ed.), *Handbook of Industrial and Organizational Psychology*, Rand McNally, pp.1175-1199.

Adams, J.S. (1980) "Interorganizational Processes and Organization Boundary Activities", *Research in Organizational Behavior*, Vol.2, pp.321-355.

Ajzen, I. (1991) "The Theory of Planned Behavior", *Organizational Behavior and Human Decision Processes*, Vol.50, No.2, pp.179-211.

Aldrich, H. & Herker, D. (1977) "Boundary Spanning Roles and Organization Structure", *Academy of Management Review*, Vol.2, No.2, pp.217-230.

Anderson, J.C. & Narus, J.A. (1990) "A Model of Distributor Firm and Manufacturer Firm Working Partnerships", *Journal of Marketing*, Vol.54, No.1, pp.42-58.

Argote, L. & Ingram, P. (2000) "Knowledge Transfer: A Basis for Competitive Advantage in Firms", *Organizational Behavior and Human Decision Processes*, Vol.82, No.1, pp.150-169.

Arrow, K.J. (1972) "Gifts and Exchanges", *Philosophy and Public Affairs*, Vol.1, No.4, pp.343-362.

Ashforth, B.E., Harrison, S.H. & Corley, K.G. (2008) "Identification in Organizations: An Examination of Four Fundamental Questions", *Journal of Management*, Vol.34, No.3, pp.325-374.

Ashforth, B.E. & Mael, F. (1989) "Social Identity Theory and the Organization", *Academy of Management Review*, Vol.14, No.1, pp.20-39.

Astley, W.G. & Fombrun, C.J. (1983) "Collective Strategy: Social Ecology of Organizational Environments", *Academy of Management Review*, Vol.8, No.4, pp.576-587.

Aulakh, P.S., Kotabe, M. & Sahay, A. (1996) "Trust and Performance in Cross-Border Marketing Partnerships: A Behavioral Approach", *Journal of International Business Studies*, Vol.27, No.5, pp.1005-1032.

Axelrod, R. (1984) *The Evolution of Cooperation*, Basic Books [松田裕之訳 (1998) 『つきあい方の科学——バクテリアから国際関係まで』ミネルヴァ書房].

Bachmann, R. (2001) "Trust, Power and Control in Trans-Organizational Relations", *Organization Studies*, Vol.22, No.2, pp.337-365.

Bachmann, R. (2010) "Toward a Context-Sensitive Approach to Researching Trust in Inter-Organizational Relationships", in Saunders, M.N.K., Skinner, D., Dietz, G., Gillespie, N. & Lewicki, R.J. (eds.), *Organizational Trust: A Cultural Perspective*, Cambridge University Press, pp.87-106.

Bachmann, R. & Inkpen, A.C. (2011) "Understanding Institutional-Based Trust Building Processes in Inter-Organizational Relationships", *Organization Studies*, Vol.32, No.2, pp.281-301.

Bachmann, R. & Zaheer, A. (2009) "Trust in Inter-Organizational Relations", in Cropper, S., Huxham, C., Ebers, M. & Ring, P.S. (eds.), *The Oxford Handbook of Inter-Organizational Relations*, Oxford University Press, pp.533-554.

Banerjee, S., Bowie, N.E. & Pavone, C. (2006) "An Ethical Analysis of the Trust Relationship", in Bachmann, R. & Zaheer, A. (eds.), *Handbook of Trust Research*, Edward Elgar, pp.303-317.

Barber, B. (1983) *The Logic and Limits of Trust*, Rutgers University Press.

Barnard, C.I. (1938) *The Functions of the Executive*, Harvard University Press [山本安次郎・田杉競・飯野春樹訳 (1968)『新訳 経営者の役割』ダイヤモンド社].

Becattini, G. (1990) "The Marshallian Industrial Districts as a Socio-Economic Notion", in Pyke, F., Becattini, G. & Sengenburger, W. (eds.), *Industrial Districts and Inter-Firm Co-Operation in Italy*, International Institute for Labor Studies, pp.37-51.

Blomqvist, K. (1997) "The Many Faces of Trust", *Scandinavian Journal of Management*, Vol.13, No.3, pp.271-286.

Bourdieu, P. (1986) "The Forms of Capital", in Richardson, J.G. (ed.), *Handbook of Theory and Research for the Sociology of Education*, Greenwood Press, pp.241-258.

Bradach, J.L. & Eccles, R.G. (1989) "Price, Authority, and Trust: From Ideal Types to Plural Forms", *Annual Review of Sociology*, Vol.15, No.1, pp.97-118.

Brewer, M.B. & Kramer, R.M. (1986) "Choice Behavior in Social Dilemmas: Effects of Social Identity, Group Size, and Decision Framing", *Journal of Personality and Social Psychology*, Vol.50, No.3, pp.543-549.

Brewer, M.B. & Miller, N. (1984) "Beyond the Contact Hypothesis: Theoretical Perspectives on Desegregation", in Miller, N. & Brewer, M.B. (eds.), *Groups in Contact: The Psychology of Desegregation*, Academic Press, pp.281-302.

Bromiley, P. & Cummings, L.L. (1995) "Transactions Costs in Organizations with Trust", in Bies, R., Lewcki, R. & Sheppard, B. (eds.), *Research on Negotiation in Organizations*, JAI Press, pp.219-247.

Brown, R. (1988) *Group Processes: Dynamics within and between Groups*, Blackwell Publishers [黒川正流・橋口捷久・坂田桐子訳 (2006)『グループ・プロセス』北大路書房].

Burt, R.S. (1992) *Structural Holes: The Social Structure of Competition*, Harvard University Press [安田雪訳 (2006)『競争の社会構造——構造的空隙の理論』新曜社].

Carnevale, D.G. & Wechsler, B. (1992) "Trust in the Public Sector: Individual and Organizational Determinants", *Administration & Society*, Vol.23, No.4, pp.471-494.

Chen, J., Yeh, C. & Tu, C. (2008) "Trust and Knowledge Sharing in Green Supply Chains", *Supply Chain Management: An International Journal*, Vol.13, No.4, pp.283-295.

Chen, Y., Lin, T. & Yen, D.C. (2014) "How to Facilitate Inter-Organizational Knowledge Sharing: The Impact of Trust", *Information & Management*, Vol.51, No.5, pp.568-578.

Child, J. (1998) "Trust and International Strategic Alliances: The Case of Sino-Foreign Joint Ventures", in Lane, C. & Bachmann, R. (eds.), *Trust within and between Organizations*, Oxford University Press, pp.241-272.

Child, J. (2001) "Trust: The Fundamental Bond in Global Collaboration", *Organizational Dynamics*, Vol.29, No.4, pp.274-288.

Child, J., Faulkner, F. & Tallman, S.B. (2005) *Cooperative Strategy: Managing Alliances, Networks, and Joint Ventures, 2nd ed.*, Oxford University Press.

Child, J. & Möllering, G. (2003) "Contextual Confidence and Active Trust Development in the Chinese Business Environment", *Organization Science*, Vol.14, No.1, pp.69-80.

Coase, R.H. (1988) *The Firm, the Market, and the Law*, University of Chicago Press.

Coleman, J. (1988) "Social Capital in the Creation of Human Capital", *American Journal of Sociology*, Vol.94, No.1, pp.95-120 [金光淳訳「人的資本の形成における社会関係資本」野沢伸司編・監訳 (2006)『リーディングス ネットワーク論――家族・コミュニティ・社会関係資本』勁草書房, pp.205-241].

Coleman, J. (1990) *Foundations of Social Theory*, Harvard University Press [久慈利武訳 (2004)『社会理論の基礎 (上)』青木書店].

Creed, W.E.D. & Miles, R.E. (1996) "Trust in Organizations: A Conceptual Framework Linking Organizational Forms, Managerial Philosophies, and the Opportunity Costs of Controls", in Kramer, R.M. & Tyler, T.R. (eds.), *Trust in Organizations: Frontiers of Theory and Research*, Sage Publications, pp.140-165.

Currall, S.C. & Inkpen, A.C. (2006) "On the Complexity of Organizational Trust: A Multi-Level Co-Evolutionary Perspective and Guidelines for Future Research", in Bachmann, R. & Zaheer, A. (eds.), *Handbook of Trust Research*, Edward Elgar, pp.235-246.

Currall, S.C. & Judge, T.A. (1995) "Measuring Trust between Organizational Boundary Role Persons", *Organizational Behavior and Human Decision Processes*, Vol.64, No.2, pp.151-170.

Dei Ottati, G. (1994) "Trust, Interlinking Transactions and Credit in the Industrial District", *Cambridge Journal of Economics*, Vol.18, No.6, pp.529-546.

Deutsch, M. (1958) "Trust and Suspicion", *Journal of Conflict Resolution*, Vol.2, No.4, pp.265-289.

Dhanaraj, C., Lyles, M.A., Steensma, H.K. & Tihanyi, L. (2004) "Managing Tacit and Explicit Knowledge Transfer in IJVs: The Role of Relational Embeddedness and the Impact on Performance", *Journal of International Business Studies*, Vol.35, No.5, pp.428-442.

Dietz, G., Gillespie, N. & Chao, G. (2010) "Unravelling the Complexities of Trust and Culture", in Saunders, M.N.K., Skinner, D., Dietz, G., Gillespie, N. & Lewicki, R.J. (eds.), *Organizational Trust: A Cultural Perspective*, Cambridge University Press, pp.3-41.

DiMaggio, P.J. (1988) "Interest and Agency in Institutional Theory", in Zucker, L.G. (ed.), *Institutional Patterns and Organizations Culture and Environment*, Ballinger Publishing Company, pp.3-21.

DiMaggio, P.J. & Powell, W.W. (1983) "The Iron Cage Revisited: Institutional Isomorphism and Collective Rationality in Organizational Fields", *American Sociological Review*, Vol.48, No.2, pp.147-160.

Dodgson, M. (1993) "Learning, Trust, and Technological Collaboration", *Human Relations*, Vol.46, No.1, pp.77-95.

Doney, P.M. & Cannon, J.P. (1997) "An Examination of the Nature of Trust in Buyer-Seller Relationships", *Journal of Marketing*, Vol.61, No.2, pp.35-51.

Douglas, W.E. & Miles, R.E. (1996) "Trust in Organizations: A Conceptual Framework Linking Organizational Forms, Managerial Philosophies, and the Opportunity Costs of Controls", in Kramer, R.M. & Tyler, T.R. (eds.), *Trust in Organizations: Frontiers of Theory and Research*, Sage Publications, pp.16-38.

Drucker, P.F. (1954) *The Practice of Management*, Harper［上田惇生訳（2006）『現代の経営（上）（下）』ダイヤモンド社].

Duffy, M.K. & Ferrier, W.J. (2003) "Birds of a Feather...?: How Supervisor-Subordinate Dissimilarity Moderates the Influence of Supervisor Behaviors on Workplace Attitudes", *Group & Organization Management*, Vol.28, No.2, pp.217-248.

Dyer, J.H. & Chu, W. (2000) "The Determinants of Trust in Supplier-Automaker Relationships in the US, Japan, and Korea", *Journal of International Business Studies*, Vol.31, No.2, pp.259-285.

Dyer, J.H. & Chu, W. (2003) "The Role of Trustworthiness in Reducing Transaction Costs and Improving Performance: Empirical Evidence from the United States, Japan, and Korea", *Organization Science*, Vol.14, No.1, pp.57-68.

Elster, J. (2015) *Explaining Social Behavior: More Nuts and Bolts for the Social Sciences, Revised ed.*, Cambridge University Press.

Fishbein, M. & Ajzen, I. (1975) *Belief, Attitude, Intention, and Behavior: An Introduction to Theory and Research*, Addison-Wesley.

Freeman, C. (1990) "Networks of Innovators: A Synthesis of Research Issues", *Research Policy*, Vol.20, No.5, pp.499-514.

Freud, S. (1921) *Massenpsychologie und Ich-Analyse*, Internationaler Psychoanalytischer Verlag［小此木啓吾訳（1970）『フロイト著作集第6巻』人文書院, pp.195-253].

Fukuyama, F. (1996) *Trust: The Social Virtues and the Creation of Prosperity*, Free Press［加藤寛監訳（1996）『「信」無くば立たず――「歴史の終わり」後，何が繁栄の鍵を握るのか』三笠書房].

Gaertner, S.L. & Dovidio, J.F. (2014) *Reducing Intergroup Bias: The Common Ingroup Identity Model*, Routledge.

Galaskiewicz, J. & Shatin, D. (1981) "Leadership and Networking among Neighborhood

Human Service Organizations", *Administrative Science Quarterly*, Vol.26, No.3, pp.434-448.

Gargiulo, M. & Ertug, G. (2006) "The Dark Side of Trust", in Bachmann, R. & Zaheer, A. (eds.), *Handbook of Trust Research*, Edward Elgar, pp.165-186.

Gibson, J.J. (1979) *The Ecological Approach to Visual Perception*, Houghton Mifflin.

Granovetter, M. (1973) "The Strength of Weak Ties", *American Journal of Sociology*, Vol.78, No.6, pp.130-138.

Greenwood, R., Oliver, C., Sahlin, K. & Suddaby, R. (2008) "Introduction", in Greenwood, R., Oliver, C., Sahlin, K. & Suddaby, R. (eds.), *The SAGE Handbook of Organizational Institutionalism*, Sage Publications, pp.1-46.

Gulati, R. (1995) "Does Familiarity Breeds Trust?: The Implications of Repeated Ties for Contractual Choice in Alliances", *Academy of Management Journal*, Vol.38, No.1, pp.85-112.

Gulati, R. (1998) "Alliances and Networks", *Strategic Management Journal*, Vol.19, No.4, pp.293-317.

Gulati, R. & Nickerson, J.A. (2008) "Interorganizational Trust, Governance Choice, and Exchange Performance", *Organization Science*, Vol.19, No.5, pp.688-708.

Gulati, R. & Singh, H. (1998) "The Architecture of Cooperation: Managing Coordination Costs and Appropriation Concerns in Strategic Alliances", *Administrative Science Quarterly*, Vol.43, No.4, pp.781-814.

Gulati, R. & Sytch, M. (2008) "Does Familiarity Breed Trust?: Revisiting the Antecedents of Trust", *Managerial and Decision Economics*, Vol.29, No.2-3, pp.165-190.

Hagen, J.M. & Choe, S. (1998) "Trust in Japanese Interfirm Relations: Institutional Sanctions Matter", *Academy of Management Review*, Vol.23, No.3, pp.589-600.

Hardin, R. (1993) "The Street-Level Epistemology of Trust", *Politics & Society*, Vol.21, No.4, pp.505-529.

Hardy, C., Phillips, N. & Lawrence, T. (1998) "Distinguishing Trust and Power in Interorganizational Relations: Forms and Façades of Trust", in Lane, C. & Bachmann, R. (eds.), *Trust within and between Organizations*, Oxford University Press, pp.64-87.

Hirsch, P.M. (1978) "Production and Distribution Roles among Cultural Organizations: On the Division of Labor across Intellectual Disciplines", *Social Research*, Vol.45, No.2, pp.315-330.

Hogg, M.A. (1992) *The Social Psychology of Group Cohesiveness*, Harvester Wheatsheaf [廣田君美・藤澤等監訳 (1994)『集団凝集性の社会心理学』北大路書房].

Hoover, E.M. (1937) *Location Theory and Shoe and Leather Industry*, Harvard University Press [西岡久雄訳 (1968)『経済立地論』大明堂].

Howorth, C., Westhead, P. & Wright, M. (2004) "Buyouts, Information Asymmetry and the Family Management Dyad", *Journal of Business Venturing*, Vol.19, No.4, pp.509-534.

Inkpen, A.C. & Currall, S.C. (2004) "The Coevolution of Trust, Control, and Learning in

Joint Ventures", *Organization Science*, Vol.15, No.5, pp.586-599.

Inkpen, A.C. & Tsang, E.W.K. (2005) "Social Capital, Networks, and Knowledge Transfer", *Academy of Management Review*, Vol.30, No.1, pp.146-165.

Janowicz-Panjaitan, M. & Noorderhaven, N.G. (2006) "Levels of Inter-Organizational Trust: Conceptualization and Measurement", in Bachmann, R. & Zaheer, A. (eds.), *Handbook of Trust Research*, Edward Elgar, pp.264-279.

Janowicz-Panjaitan, M. & Noorderhaven, N.G. (2009) "Trust, Calculation, and Interorganizational Learning of Tacit Knowledge: An Organizational Roles Perspective", *Organization Studies*, Vol.30, No.10, pp.1021-1044.

Jarvenpaa, S.L. & Leidner, D.E. (1999) "Communication and Trust in Global Virtual Teams", *Organization Science*, Vol.10, No.6, pp.791-815.

Jepperson, R.L. (1991) "Institutions, Institutional Effects, and Institutionalism", in Powell, W.W. & DiMaggio, P.J. (eds.), *The New Institutionalism in Organizational Analysis*, Sage Publications, pp.143-163.

Johnson, M.P. (1991) "Commitment to Personal Relationships", in Jones, W.H. & Perlman, D. (eds.), *Advances in Personal Relationships: A Research Annual*, Vol.3, Jessica Kingsley, pp.117-143.

King, G., Keohane, R.O. & Verba, S. (1994) *Designing Social Inquiry*, Princeton University Press〔真渕勝監訳（2004）『社会科学のリサーチ・デザイン——定性的研究における科学的推論』勁草書房〕.

Kramer, R.M. (1993) "Cooperation and Organizational Identification", in Murnighan, J.K. (ed.), *Social Psychology in Organizations: Advances in Theory and Research*, Prentice Hall, pp.244-268.

Kramer, R.M. & Brewer, M.B. (1984) "Effects of Group Identity on Resource Use in a Simulated Commons Dilemma", *Journal of Personality and Social Psychology*, Vol.46, No.5, pp.1044-1057.

Kroeger, F. (2011) "Trusting Organizations: The Institutionalization of Trust in Interorganizational Relationships", *Organization*, Vol.19, No.6, pp.743-763.

Kroeger, F. (2012) "Trusting Organizations: The Institutionalization of Trust in Interorganizational Relationships", *Organization*, Vol.19, No.6, pp.743-763.

Kroeger, F. (2013) "How is Trust Institutionalized?: Understanding Collective and Long-Term Trust Orientations", in Bachmann, R. & Zaheer, A. (eds.), *Handbook of Advances in Trust Research*, Edward Elgar, pp.261-284.

Krugman, P. (1991) *Geography and Trade*, Leuven University Press〔北村行伸・高橋亘・妹尾美起訳（1994）『脱国境の経済学——産業立地と貿易の新理論』東洋経済新報社〕.

Lane, C. (1998) "Introduction: Theories and Issues in the Study of Trust", in Lane, C. & Bachmann, R. (eds.), *Trust within and between Organizations*, Oxford University Press, pp.1-30.

Lane, C. & Bachmann, R. (1996) "The Social Constitution of Trust: Supplier Relations in

Britain and Germany", *Organization Studies*, Vol.17, No.3, pp.365-395.

Lewicki, R.J. & Brinsfield, C. (2012) "Measuring Trust Beliefs and Beheviours", in Lyon, F., Möllering, G. & Saunders, M.N.K. (eds.), *Handbook of Research Methods on Trust*, Edward Elgar, pp.29-39.

Lewicki, R.J. & Bunker, B.B. (1996) "Developing and Maintaining Trust in Work Relationships", in Kramer, R.M. & Tyler, T.R. (eds.), *Trust in Organizations: Frontiers of Theory and Research*, Sage Publications, pp.114-139.

Lewicki, R.J., Tomplison, E.C. & Gillespie, N. (2006) "Models of Interpersonal Trust Development: Theoretical Approaches, Empirical Evidence, and Future Directions", *Journal of Management*, Vol.32, No.6, pp.991-1022.

Lewis, J.D. & Weigert, A. (1985) "Trust and Distrust: New Relationships and Realities", in Kramer, R.M. & Tyler, T.R. (eds.), *Trust in Organizations: Frontiers of Theory and Research*, Sage Publications, pp.114-139.

Luhmann, N. (1973) *Vertrauen, ein Mechanismus der Reduktion sozialer Komplexität, 2. erweiterte Aufl.*, Enke［大庭健・正村俊之訳（1990）『信頼——社会的な複雑性の縮減メカニズム』勁草書房］.

Lund, M. (1985) "The Development of Investment and Commitment Scales for Predicting Continuity of Personal Relationships", *Journal of Social and Personal Relationships*, Vol.2, No.1, pp.3-23.

Macaulay, S. (1963) "Non-Contractual Relations in Business: A Preliminary-Study", *American Sociological Review*, Vol.28, No.1, pp.55-67.

Maguire, S., Phillips, N. & Hardy, S. (2001) "When 'Silence = Death', Keep Talking: Trust, Control and the Discursive Construction of Identity in the Canadian HIV/AIDS Treatment Domain", *Organization Studies*, Vol.22, No.2, pp.285-310.

March, J.G. & Simon, H.A. (1993) *Organizations, 2nd ed.*, Blackwell［高橋伸夫訳（2014）『オーガニゼーションズ第2版——現代組織論の原典』ダイヤモンド社］.

Marshall, A. (1920) *Principles of Economics, 8th ed.*, Macmillan & Co.［馬場啓之助訳（1965）『経済学原理Ⅱ』東洋経済新報社］.

Maurer, I. (2010) "How to Build Trust in Inter-Organizational Projects: The Impact of Project Staffing and Project Rewards on the Formation of Trust, Knowledge Acquisition and Product Innovation", *International Journal of Project Management*, Vol.28, No.7, pp.629-637.

Mayer, C.R., Davis, H.J. & Schoorman, F.D. (1995) "An Integrative Model of Organizational Trust", *Academy of Management Review*, Vol.20, No.3, pp.709-734.

McAllister, D.J. (1995) "Affect- and Cognition-Based Trust as Foundation for Interpersonal Cooperation in Organizations", *Academy of Management Journal*, Vol.38, No.1, pp.24-59.

McEvily, B., Perrone, V. & Zaheer, A. (2003) "Introduction to the Special Issue on Trust in an Organizational Context", *Organization Science*, Vol.14, No.1, pp.1-4.

McEvily, B. & Tortoriello, M. (2011) "Measuring Trust in Organizational Research: Review and Recommendations", *Journal of Trust Research*, Vol.1, No.1, pp.23-63.

McEvily, B. & Zaheer, A.（2006）"Does Trust Still Matter?: Research on the Role of Trust in Inter-Organizational Exchange", in Bachmann, R. & Zaheer, A.（eds.）, *Handbook of Trust Research*, Edward Elgar, pp.280-300.

McKnight, D.H., Cummings, L.L. & Chervany, N.L.（1998）"Initial Trust Formation in New Organizational Relationships", *Academy of Management Review*, Vol.23, No.3, pp.473-490.

Meyer, J.W. & Rowan, B.（1977）"Institutionalized Organizations: Formal Structure as Myth and Ceremony", *American Journal of Sociology*, Vol.83, No.2, pp.340-363.

Migheli, M.（2012）"Assessing Trust Through Social Capital?: A Possible Experimental Answer", *American Journal of Economics and Sociology*, Vol.71, No.2, pp.298-327.

Milgrom, P. & Roberts, J.（1992）*Economics, Organization & Management*, Prentice Hall ［奥野正寛・伊藤秀史・今井晴雄・西村理・八木甫訳（1997）『組織の経済学』NTT出版］.

Möllering, G.（2013）"Process Views of Trusting and Crises", in Bachmann, R. & Zaheer, A.（eds.）, *Handbook of Advances in Trust Research*, Edward Elgar, pp.285-305.

Nicholson, C.Y., Compeau, L.D. & Sethi, R.（2001）"The Role of Interpersonal Liking in Building Trust in Long-Term Channel Relationships", *Journal of the Academy of Marketing Science*, Vol.29, No.1, pp.3-15.

Nonaka, I. & Takeuchi, H.（1995）*The Knowledge-Creating Company: How Japanese Companies Create the Dynamics of Innovation*, Oxford University Press ［梅本勝博訳（1996）『知識創造企業』東洋経済新報社］.

Nooteboom, B.（1996）"Trust, Opportunism and Governance: A Process and Control Model", *Organization Studies*, Vol.17, No.6, pp.985-1010.

Nooteboom, B.（2002）*Trust: Forms, Foundations, Functions, Failures and Figures*, Edward Elgar.

Nooteboom, B.（2003）"The Trust Process", in Nooteboom, B. & Frédérique, S.（eds.）, *The Trust Process in Organizations: Empirical Studies of Determinants and the Process of Trust Development*, Edward Elgar, pp.16-36.

Nooteboom, B.（2006）"Forms, Sources and Processes of Trust", in Bachmann, R. & Zaheer, A.（eds.）, *Handbook of Trust Research*, Edward Elgar, pp.247-263.

Nooteboom, B. & Frédérique, S.（2003）"Introduction", in Nooteboom, B. & Frédérique, S.（eds.）, *The Trust Process in Organizations: Empirical Studies of Determinants and the Process of Trust Development*, Edward Elgar, pp.1-15.

Ohlin, B.（1933）*Interregional and International Trade*, Harvard University Press.

Oomsels, P. & Bouckaert, G.（2014）"Studying Interorganizational Trust in Public Administration: A Conceptual and Analytical Framework for 'Administrational Trust' ", *Public Performance & Management Review*, Vol.37, No.4, pp.577-604.

Ouchi, W.G.（1980）"Markets, Bureaucracies, and Clans", *Administrative Science Quartely*,

Vol.25, No.1, pp.129-141.

Parsons, T. (1963) "On the Concept of Influence", *Public Opinion Quarterly*, Vol.27, No.1, pp.37-62.

Perrone, V., Zaheer, A., & McEvily, B. (2003) "Free to Be Trusted?: Organizational Constraints on Trust in Boundary Spanners", *Organization Science*, Vol.14, No.4, pp.422-439.

Pfeffer, J. & Salancik, G.R. (1978) *The External Control of Organizations: A Resource Dependence Perspective*, Harper & Row.

Piore, M.J. & Sabel, C.F. (1984) *The Second Industrial Divide*, Basic Books [山之内靖・永易浩一・石田あつみ訳 (1993) 『第二の産業分水嶺』筑摩書房].

Pirson, M. & Malhotra, D. (2011) "Foundations of Organizational Trust: What Matters to Different Stakeholders?", *Organization Science*, Vol.22, No.4, pp.1087-1104.

Polanyi, M. (1966) *The Tacit Dimension*, Doubleday [佐藤敬三訳 (1980) 『暗黙知の次元——言語から非言語へ』紀伊國屋書店].

Poppo, L. (2013) "Origins of Inter-Organizational Trust: A Review and Query for Future Research", in Bachmann, R. & Zaheer, A. (eds.), *Handbook of Advances in Trust Research*, Edward Elgar, pp.125-145.

Porter, M. (1998) *On Competition*, Harvard Business School Press [竹内弘高訳 (1999) 『競争戦略論Ⅱ』ダイヤモンド社].

Porter, M.E. & Kramer, M.R. (2011) "Creating Shared Value", *Harvard Business Review*, Vol.89, No.1-2, pp.62-77.

Putnam, R. (1992) *Making Democracy Work: Civic Tradition in Modern Italy,* Princeton University Press [河田潤一訳 (2001) 『哲学する民主主義——伝統と改革の市民的構造』NTT出版].

Qi, C. & Chau, P.Y.K. (2013) "Investigating the Roles of Interpersonal and Interorganizational Trust in IT Outsourcing Success", *Information Technology & People*, Vol.26, No.2, pp.120-145.

Ring, P.S. & Van de Ven, A.H. (1994) "Developmental Process of Cooperative Interorganizational Relationships", *Academy of Management Review*, Vol.19, No.1, pp.90-118.

Rousseau, D.N., Sitkin, S.B., Burt, R.S. & Camerer, C. (1998) "Not So Different After All: A Cross-Discipline View of Trust", *Academy of Management Review*, Vol.23, No.3, pp.393-404.

Rusbult, C.E. (1980) "Commitment and Satisfaction in Romantic Associations: A Test of the Investment Model", *Journal of Experimental Social Psychology*, Vol.16, No.2, pp.172-186.

Sako, M. (1992) *Prices, Quality and Trust: Inter-Firm Relations in Britain & Japan*, Cambridge University Press.

Sako, M. (1998) "Does Trust Improve Business Performance?", in Lane, C. & Bachmann,

R.（eds.）, *Trust within and between Organizations*, Oxford University Press, pp.88-117.

Saxenian, A.（1994）*Regional Advantage: Culture and Competition in Silicon Valley and Route 128*, Harvard University Press［山形浩生・柏木亮二訳（2009）『現代の二都物語――なぜシリコンバレーは復活し，ボストン・ルート128は沈んだか』日経BP社］.

Schilke, O. & Cook, K.S.（2013）"A Cross-Level Process Theory of Trust Development in Interorganizational Relationships, *Strategic Organization*, Vol.11, No.3, pp.281-303.

Schoorman, F.D., Mayer, R.C. & Davis, J.H.（2007）"An Integrative Model of Organizational Trust: Past, Present, and Future", *Academy of Management Review*, Vol.32, No.2, pp.344-354.

Scott, W.R.（2008）*Institutions and Organizations: Ideas and Interests, 3rd ed.*, Sage Publications.

Seabright, M.A., Levinthal, D.A. & Fichman, M.（1992）"Role of Individual Attachments in the Dissolution of Interorganizational Relationships", *Academy of Management Review*, Vol.35, No.1, pp.122-160.

Selznick, P.（1957）*Leadership in Administration: A Sociological Interpretation*, Harper & Row［北野利信訳（1975）『組織とリーダーシップ』ダイヤモンド社］.

Seppänen, R., Blomqvist, K. & Sundqvist, S.（2007）"Measuring Inter-Organizational Trust: A Critical Review of the Empirical Research in 1990-2003", *Industrial Marketing Management*, Vol.36, No.2, pp.249-265.

Shapiro, D., Sheppard, B.H. & Cheraskin, L.（1992）"In Theory: Business on a Handshake", *Negotiation Journal*, Vol.8, No.4, pp.365-377.

Shapiro, S.P.（1987）"The Social Control of Impersonal Trust", *American Journal of Sociology*, Vol.93, No.3, pp.623-658.

Sheppard, B.H. & Tuchinsky, M.（1996）"Micro OB and the Network Organization", in Kramer, R.M. & Tyler, T.R.（eds.）, *Trust in Organizations: Frontiers of Theory and Research*, Sage Publications, pp.140-165.

Simmel, G.（1908）*Soziologie: Untersuchungen über die Formen der Vergesellschaftung*（Rammstedt, O.（Hrsg.）（1992）*Gesamtausgabe / Georg Simmel, Bd.11*, Suhrkamp）［居安正訳（1994）『社会学――社会化の諸形式についての研究（上）』白水社］.

Simon, H.A.（1997）*Administrative Behavior: A Study of Decision- Making Processes in Administrative Organizations, 4th ed.*, Free Press［二村敏子・桑田耕太郎・高尾義明・西脇暢子・高柳美香訳（2009）『新版 経営行動――組織における意思決定過程の研究』ダイヤモンド社］.

Sitkin, S.B. & Roth, N.L.（1993）"Explaining the Limited Effectiveness of Legalistic 'Remedies' for Trust / Distrust", *Organization Science*, Vol.4, No.3, pp.367-392.

Starrett, D.（1978）"Market Allocations of Location Choice in a Model with Free Mobility", *Journal of Economic Theory*, Vol.17, No.3, pp.21-37.

Sternberg, R.J.（1986）"A Triangular Theory of Love", *Psychological Review*, Vol.93, No.2, pp.119-135.

Suchman, M.C. (1995) "Managing Legitimacy: Strategic and Institutional Approaches", *Academy of Management Review*, Vol.20, No.3, pp.571-610.

Sydow, J. (1998) "Understanding the Constitution of Interorganizational Trust", in Lane, C. & Bachmann, R. (eds.), *Trust within and between Organizations*, Oxford University Press, pp.31-63.

Sydow, J. (2006) "How Can Systems Trust Systems?: A Structuration Perspective on Trust-Building in Inter-Organizational Relations", in Bachmann, R. & Zaheer, A. (eds.), *Handbook of Trust Research*, Edward Elgar, pp.377-392.

Tajfel, H., Billig, M.G., Bundy, R.P. & Flament, C. (1971) "Social Categorization and Intergroup Behavior", *European Journal of Social Psychology*, Vol.1, No.2, pp.149-177.

Tajfel, H. & Turner, J. (1979) "An Integrative Theory of Intergroup Conflict", in Austin, W.G. & Worchel, S. (eds.), *Social Psychology of Intergroup Relations*, Brooks-Cole, pp.33-47.

Taylor, D.M. & Moghaddam, F.M. (1994) *Theories of Intergroup Relations: Internal Social Psychological Perspectives*, Praeger [野波寛・岡本卓也・小杉考司訳 (2010)『集団間関係の社会心理学──北米と欧州における理論の系譜と発展』晃洋書房].

Thompson, J.D. (1967) *Organization in Action: Social Sciences Bases in Administrative Theory*, McGraw-Hill [大月博司・廣田俊郎訳 (2012)『行為する組織──組織と管理の理論についての社会科学的基盤』同文舘出版].

Turker, D. (2014) "Analyzing Relational Sources of Power at the Interorganizational Communication System", *European Management Journal*, Vol.32, No.3, pp.509-517.

Tushman, M.L. & Scanlan, T.J. (1981a) "Characteristics and External Orientations of Boundary Spanning Individuals", *Academy of Management Journal*, Vol.24, No.1, pp.83-98.

Tushman, M.L. & Scanlan, T.J. (1981b) "Boundary Spanning Individuals: Their Role in Information Transfer and Their Antecedents", *Academy of Management Review*, Vol.24, No.2, pp.289-305.

Tyler, T.R. & Kramer, R.M (1996) "Whither Trust?", in Kramer, R.M. & Tyler, T.R. (eds.), *Trust in Organizations: Frontiers of Theory and Research*, Sage Publications, pp.1-15.

Vangen, S. & Huxham, C. (2003) "Nurturing Collaborative Relations: Building Trust in Interorganizational Collaboration", *Journal of Applied Behavioral Science*, Vol.39, No.1, pp.5-31.

Van Meerkerk, I. & Edelenbos, J. (2014) "The Effects of Boundary Spanners on Trust and Performance of Urban Governance Networks: Findings from Survey Research on Urban Development Projects in the Netherlands", *Policy Sciences*, Vol.47, No.1, pp.3-24.

Weber, A. (1922) *Über den Standort der Industrien*, J.C.B. Mohr [日本産業構造研究所訳 (1966)『工業立地論』大明堂].

Wicks, A.C. & Berman, S.L. (2004) "The Effects of Context on Trust in Firm-Stakeholder Relationships: The Institutional Environment, Trust Creation, and Firm Performance",

Business Ethics Quarterly, Vol.14, No.1, pp.141-160.

Williams, P. (2002) "The Competent Boundary Spanner", *Public Administration*, Vol.80, No.1, pp.103-124.

Williamson, O.E. (1975) *Markets and Hierarchies*, Free Press〔浅沼萬里・岩崎晃訳(1980)『市場と組織』日本評論社〕

Williamson, O.E. (1993) "Calculativeness, Trust, and Economic Organization", *Journal of Law and Economics*, Vol.36, No.1, pp.453-486.

Woolthuis, R.K., Hillebrand, B. & Nooteboom, B. (2005) "Trust, Contract and Relationship Development", *Organization Studies*, Vol.26, No.6, pp.813-840.

Yamagishi, T. & Yamagishi, M. (1994) "Trust and Commitment in the United States and Japan", *Emotion and Motivation*, Vol.18, No.2, pp.129-166.

Yin, R.K. (1994) *Case Study Research: Design and Methods, 2nd ed.*, Sage Publications〔近藤公彦訳(1996)『ケース・スタディの方法』千倉書房〕.

Zaheer, A. & Harris, J. (2005) "Interorganizational Trust", in Shenkar, O. & Reuer, J. (eds.), *Handbook of Strategic Alliances*, Thousand Oaks, pp.169-197.

Zaheer, A., MacEvily, B. & Perrone, V. (1998) "Does Trust Matter?: Exploring the Effects of Interorganizational and Interpersonal Trust on Performance", *Organization Science*, Vol.9, No.2, pp.141-159.

Zhang, Y. & Huxham, C. (2009) "Identity Construction and Trust Building in Developing International Collaborations", *Journal of Applied Behavioral Science*, Vol.45, No.2, pp.186-211.

Zucker, L. (1986) "Production of Trust: Institutional Source of Economic Structure, 1840-1920", in Staw, B.B. & Cummings, L.L. (eds.), *Research in Organizational Behavior*, Vol.8, pp.53-111.

． ．

秋山高志(2008)「企業グループに於ける知識創造と組織間ネットワークのマネジメント」『経済論叢』第181巻,第1号,pp.84-103。

秋山高志(2014)「ネットワーク分析を用いた組織間関係の形成メカニズムに関する考察」『商学論集』第82巻,第3号,pp.23-42。

朝日新聞(2013)「竹田正俊さん 町工場『SHISAKU』で世界へ」『朝日新聞』2013年8月16日朝刊。

荒井一博(2001)『信頼と自由』勁草書房。

池田謙一・唐沢穣・工藤恵理子・村本由紀子(2010)『社会心理学』有斐閣。

石川博康(2005)「『信頼』に関する学際的研究の一動向」『ソフトロー研究』第2号,pp.1-30。

伊丹敬之(1998)「産業集積の意義と論理」伊丹敬之・松島茂・橘川武郎編『産業集積の本質──柔軟な分業・集積の条件』有斐閣,pp.1-23。

稲垣京輔(2003)『イタリアの起業家ネットワーク──産業集積プロセスとしてのスピンオフの連鎖』白桃書房。

井上祐輔(2011)「制度化された新制度派組織論」『日本情報経営学会誌』第31巻,第3号,

pp.81-93。

上野敏寛（2013）「地域産業の発展に向けた共同事業グループの成功要因の考察——磨き屋シンジケートと京都試作ネットの事例から」『龍谷大学大学院政策学研究』第2号，pp.59-79。

大串葉子（2005）「産業集積地域の活性化とクラスタ形成——新潟県三条・燕の試み」『オペレーションズ・リサーチ——経営の科学』第50巻，第9号，pp.629-636。

大串葉子（2009）「中小企業のネットワーク組織におけるビジネスプロセスマネジメント（BPM）——共同受注組織を中心に」『新潟大学経済論集』第88号，pp.67-78。

大月博司・藤田誠・奥村哲史（2001）『組織のイメージと理論』創成社。

大西辰彦（2010）「産業クラスターの成長プロセスと中小企業ネットワーク」『京都学園大学経済学部論集』第20巻，第1号，pp.1-23。

岡田正大（2015）「新たな企業観の行方——CSVは企業の競争優位につながるか」『DIAMONハーバード・ビジネス・レビュー』第40巻，第1号，pp.38-53。

岡本卓也（2010）『集団間関係の測定に関する社会心理学的研究』関西学院大学出版会。

加護野忠男・角田隆太郎・山田幸三・上野恭裕・吉村典久（2008）『取引制度から読みとく現代企業』有斐閣。

加藤厚海（2009）『需要変動と産業集積の力学——仲間型取引ネットワークの研究』白桃書房。

金井一頼（2005）「産業クラスターの創造・展開と企業家活動——サッポロITクラスター形成プロセスにおける企業家活動のダイナミクス」『組織科学』第38巻，第3号，pp.15-24。

川崎千晶（2009）「産業集積の形成要因としての信頼——組織論的アプローチを中心に」『早稲田大学大学院商学研究科紀要』第68号，pp.29-42。

川崎千晶（2011）「組織間における信頼のメカニズムと移行プロセス」『早稲田大学大学院商学研究科紀要』第72号，pp.21-32。

川崎千晶（2013）「組織間信頼形成の制度的要因について」『経営戦略研究』第13号，pp.23-34。

川崎千晶（2014）「組織間信頼の形成プロセス——縁故に基づく信頼の場合」『日本経営学会誌』第33号，pp.40-49。

岸田民樹（2003）「産業集積の組織論的分析」『経済科学』第51巻，第3号，pp.1-13。

北寿郎（2009）「はじめに——京都の歴史と風土が生むダイナミズム」北寿郎・西口泰夫編『ケースブック 京都モデル——そのダイナミズムとイノベーション・マネジメント』白桃書房，pp. i -vii。

古村健太郎・松井豊（2013）「親密な関係におけるコミットメントのモデルの概観」『対人社会心理学研究』第13号，pp.59-70。

櫻田貴道（2003）「組織論における制度学派の理論構造」『経済論叢』第172巻，第3号，pp.214-229。

酒向真理（1998）「日本のサプライヤー関係における信頼の役割」藤本隆宏・西口敏宏・伊藤秀史編『リーディングス サプライヤー・システム——新しい企業間関係を創る』有斐閣，pp.91-118。

佐々木利廣（1985）「組織間関係の安定と変動（Ⅲ・完）──境界連結単位を中心として」『経済経営論叢』第19巻，第4号，pp.192-193。

佐々木正人（2000）『知覚はおわらない──アフォーダンスへの招待』青土社。

佐藤郁哉・山田真茂留（2004）『制度と文化──組織を動かす見えない力』日本経済新聞社。

佐藤光（2010）『マイケル・ポランニー──「暗黙知」と自由の哲学』講談社。

週刊東洋経済（2013）「町工場よ連携せよ──京都試作ネットの挑戦」『週刊東洋経済』2013年8月24日号，pp.74-76。

末松千尋（2002）『京様式経営──モジュール化戦略』日本経済新聞社。

末松千尋・日置弘一郎・若林直樹（2002）「京都の工業集積の特色と挑戦」『組織科学』第36巻，第2号，pp.54-63。

鈴木滋朗（2017）「試作の一大集積地を目指して──『学び』から生まれる新事業創造 京都試作ネット」『プレス技術』第55巻，第1号，pp.40-43。

盛山和夫（1995）『制度論の構図』創文社。

盛山和夫（1997）「合理的選択理論」井上俊・上野千鶴子・大澤真幸・見田宗介・吉見俊哉編『現代社会学の理論と方法』岩波書店，pp.137-156。

高岡美佳（1998）「産業集積とマーケット」伊丹敬之・松島茂・橘川武郎編『産業集積の本質──柔軟な分業・集積の条件』有斐閣，pp.95-129。

高尾義明・王英燕（2012）『経営理念の浸透──アイデンティティ・プロセスからの実証分析』有斐閣。

高野雅哉・家老芳美（2003）「磨き屋シンジケートの構築について」『経営システム』第13巻，第4号，pp.148-152。

高橋勅徳（2007）「企業家研究における制度的アプローチ──埋め込みアプローチと制度的企業アプローチの展開」『彦根論叢』第365号，pp.53-69。

太郎丸博（2005）「合理的選択理論──行為と合理性」盛山和夫・土場学・野宮大志郎・織田照哉編『〈社会〉への知／現代社会学の理論と方法（上）』勁草書房，pp.121-138。

中小企業総合研究機構（1998）『産業集積の現状と展望に関する調査研究』中小企業総合研究機構。

燕商工会議所（燕商工会議所創立五十周年記念事業特別委員会記念誌編集部会編）（2001a）『燕の商工業』燕商工会議所。

燕商工会議所（燕商工会議所創立五十周年記念事業特別委員会記念誌編集部会編）（2001b）『試練と革新のあゆみ──燕商工会議所五十周年史』燕商工会議所。

内閣府政策統括官編（2004）『地域の経済2003──成長を創る産業集積の力』国立印刷局。

中田行彦（2011）「インテグラル型産業における相互依存からの組織間知識創造」『イノベーション・マネジメント』第8号，pp.37-55。

中西善信（2013）「知識移転の構成概念とプロセス──知識の使用とルーチン形成の相互作用」『日本経営学会誌』第31号，pp.27-38。

日本産業新聞（2006）「『試作の都』京都，中小，得意技を持ち寄り──共同受注へ結束」『日経産業新聞』2006年4月14日。

日本経済新聞（2010）「産業観光ツアー，燕のステンレス磨き体験，市，商議所などと企画，

製品販売拡大も」『日本経済新聞』2010年1月21日地方経済面新潟。

日本経済新聞 (2015)「中小企業, 自立へ技結集——リーダー役が重要」『日本経済新聞』2015年5月21日地方経済面近畿A。

額田春華 (1998)「産業集積における分業の柔軟さ」伊丹敬之・松島茂・橘川武郎編『産業集積の本質——柔軟な分業・集積の条件』有斐閣, pp.49-94。

野中郁次郎・紺野登 (1999)『知識経営のすすめ——ナレッジマネジメントとその時代』筑摩書房。

野中郁次郎・米山茂美 (1992)「組織間知識創造の理論——日本半導体産業における集合革新のプロセス」『ビジネスレビュー』第40巻, 第2号, pp.1-18。

延岡健太郎・真鍋誠司 (2000)「組織間学習における関係的信頼の役割——日本自動車産業の事例」『経済経営研究年報』第50号, pp.125-144。

平池久義 (1989)「共同受注グループの一考察——異業種交流を中心に」『経済学研究』第55巻, 第4・5号, pp.11-28。

藤田栄美子 (2003)「産業集積地域の構造転換の変遷と現状——新潟県燕市を事例にして」『現代社会文化研究』第28号, pp.1-16。

藤田誠 (2011)「産業クラスター研究の動向と課題」『早稲田商学』第429号, pp.101-124。

藤本昌代・河口充勇 (2010)『産業集積地の継続と革新——京都伏見酒造業への社会学的接近』文眞堂。

松嶋登・浦野充洋 (2007)「制度変化の理論化——制度派組織論における理論的混乱に関する一考察」『神戸大学大学院経営学研究科ディスカッション・ペーパー・シリーズ』2007-32, pp.1-27。

松嶋登・高橋勅徳 (2009a)「制度的企業家を巡るディスコース——制度派組織論への理論的含意」『神戸大学大学院経営学研究科ディスカッション・ペーパー・シリーズ』2009-21, pp.1-19。

松嶋登・高橋勅徳 (2009b)「制度的企業家というリサーチ・プログラム」『組織科学』第43巻, 第1号, pp.43-52。

真鍋誠司 (2002a)「企業間信頼の構築——トヨタのケース」『神戸大学経済経営研究所ディスカッション・ペーパー・シリーズ』No.J42, pp.1-23。

真鍋誠司 (2002b)「企業間協調における信頼とパワーの効果——日本自動車産業の事例」『組織科学』第36巻, 第1号, pp.80-94。

真鍋誠司 (2004)「企業間信頼の構築とサプライヤー・システム——日本自動車産業の分析」『横浜経営研究』第25巻, 第2・3号, pp.93-107。

真鍋誠司・延岡健太郎 (2003a)「信頼の源泉とその類型化」『国民経済雑誌』第187巻, 第5号, pp.53-65。

真鍋誠司・延岡健太郎 (2003b)「ネットワーク信頼——構築メカニズムとパラドクス」『神戸大学経済経営研究所ディスカッション・ペーパー・シリーズ』No.J50, pp.1-18。

宮﨑悟・原田禎夫・坂倉孝雄 (2008)「コモンズとしての共同受注グループ——津山ステンレスネットの事例から」『ITEC Working Paper Series』08-01, pp.1-29。

宮本琢也 (2010)「地域連携を主導するビジネスシステム——新潟県燕市『磨き屋シンジケー

ト』の事例分析」『久留米大学商学研究』第15巻，第3号，pp.83-114。

向日恒喜（2011）「組織における情報共有と信頼に関する一考察」『経営情報学会全国研究大会要旨集』pp.1-4.

宗澤拓郎（2001）「新潟地場産業の現状と提言──燕・三条の金属加工業を中心として」『中央大学経済研究所年報』第32号，pp.231-248。

村山裕三（2008）『京都型ビジネス──独創と継続の経営術』日本放送出版協会。

森岡孝文（2006）「燕『磨き屋シンジケート』──活性化のための企業間連携」『地域活性化ジャーナル』第12号，pp.1-9。

森岡孝文（2007）「ネットワーク視点による地域中小企業間連携の考察」『産業経済研究所紀要』第17号，pp.103-117。

森田果（2008）「信頼と法規範」中山信弘編『ソフトローの基礎理論』有斐閣，pp.247-266。

山岸俊男（1998）『信頼の構造──こころと社会の進化ゲーム』東京大学出版会。

山岸俊男（2009）「集団内協力と集団間攻撃──最小条件集団実験の意味するもの」『レヴァイアサン』第44号，pp.22-46。

山口直也（2011）「要素技術特化型水平分業ネットワークにおけるビジネス・プロセス・マネジメント──『磨き屋シンジケート』の事例分析をもとに」『原価計算研究』第35巻，第1号，pp.96-106。

山倉健嗣（1993）『組織間関係──企業間ネットワークの変革にむけて』有斐閣。

読売新聞（2018）「新検定合格へ研磨技術磨け　厚労大臣認定業者団体が10月から」『読売新聞』2018年3月20日朝刊。

若林直樹（2001）「インタビュー」田尾雅夫・若林直樹編『組織調査ガイドブック──調査党宣言』有斐閣，pp.131-142。

若林直樹（2003）「社会ネットワークと組織間での信頼性──『埋め込み』アプローチによる経済社会学的考察」『社会学評論』第54巻，第2号，pp.159-174頁。

若林直樹（2006）『日本企業のネットワークと信頼』有斐閣。

若林直樹（2009）『ネットワーク組織──社会ネットワーク論からの新たな組織像』有斐閣。

事項索引

あ

アイデンティティ ……… 52, 56-58, 84, 92, 130, 141, 142

アイデンティティに基づく信頼 …… 86, 93

アイデンティフィケーション ……… 34, 52, 56, 84, 92, 142, 146, 147

アイデンティフィケーションに
基づく信頼 ……… 30, 34, 92, 94

暗黙知 ……… 87-90

一体型信頼 ……… 7, 29, 33, 35, 44, 46-48, 74, 93

一般的信頼 ……… 26, 27

埋め込みアプローチ ……… 16

縁故的要因 ……… 133, 145, 146, 151

縁故に基づく信頼 ……… 6-8, 52, 53, 56, 62, 95, 133, 143-145, 151

か

価値の共同創出 ……… 94, 142, 146, 147

「カプセル入りの利益」論 ……… 39

関係信頼 ……… 30

関係的信頼 ……… 53, 55

監視 ……… 14, 31, 33, 35, 46-48, 65, 72, 94

感情に基づく信頼 ……… 30

機会主義的行動 ……… 3, 13, 14, 16, 17, 28, 32, 41, 47, 54, 55, 64, 74, 79, 132

機能主義 ……… 21

規範 ……… 7, 62, 77, 79, 104, 130, 137, 144-146

規範に基づく信頼 ……… 30

境界連結者 ……… 6, 19, 62, 64, 67, 81, 84, 86, 89-91, 132, 133, 135-137, 139, 140, 143-145, 147, 151-152

共通経験 ……… 88-90

共通経験による目的・理念の共有
……… 136, 144-146

共通内集団アイデンティティ・モデル
……… 95

共通の価値観 ……… 133, 145, 146

共同化 ……… 87-90

協同戦略パースペクティブ ……… 21, 23

京都試作ネット ……… 4, 5, 8, 98, 117, 130-143, 147

groundedness（根ざし）アプローチ
……… 6, 12, 38, 39, 49

経営学 ……… 2, 15, 28, 85, 86, 90

計画的行動理論 ……… 80

経済学 ……… 3, 12, 15-17, 25, 31, 32, 49, 101, 102

経済的合理性 ……… 16, 35, 38, 47, 48, 144-146, 151

経済的合理性のみでは説明のつかない
組織間信頼 ……… 3, 4, 6, 8, 17, 38, 49, 52, 55, 56, 92, 98, 134, 150

計算に基づく信頼 ……… 30, 31

形式知 ……… 87-90, 140

構造的空隙 ……… 43, 105

行動的信頼 ……… 28

171

合理的行動理論 ……………………… 80
合理的選択理論 ……………… 12, 14, 15
個人間信頼 …………… 3, 6, 17-20, 49, 62, 81,
　84, 86, 89, 90, 130, 132, 137, 143-145, 147,
　150, 151
コミットメント関係 …………… 27, 43, 45-47
コミュニケーション頻度の高さ …… 133,
　143, 145-147, 152

さ

再カテゴリー化 ……………… 59, 95, 141
産業クラスター ………… 100, 102, 103, 105
産業集積 ………… 4, 7, 18, 43, 49, 53, 58, 79,
　98, 105, 108, 117, 131-133, 151

産業地区 ……………………………… 99

資源依存パースペクティブ …………… 21-23
自己利益 ………… 6, 12-14, 16, 17, 26, 30, 31,
　38-41, 43, 44, 47, 49, 74, 80, 144, 150, 151
システム信頼 …………………………… 69
社会学 ……………… 10, 13, 15, 25, 35, 75
社会関係資本 …………………… 11, 49, 102
社会的アイデンティティ ……… 52, 56, 93,
　95, 133, 141, 145-147
社会的構成主義 ……………………… 21
囚人のジレンマ ……………………… 44
「柔軟な専門化」論 …………………… 99
情報依存的信頼 …………………… 26, 27
情報接触 ………………………… 88-90, 140
人格の信頼 …………………………… 27
新制度派組織論 ………………… 7, 62, 71
信頼の形態 ………………… 18, 29, 46, 48
信頼の解き放ち理論 ………………… 43
信頼の捉え方 ……………………… 2, 25
信頼の発展段階モデル ……………… 35, 46

心理学 ……………… 10, 13, 15, 17, 19, 25, 28, 45,
　79

ステレオタイプに基づく信頼 …………… 59

制裁 ………… 14, 30-32, 42, 43, 46-48, 64, 72,
　74, 78
制度 ……………… 6, 7, 54, 62, 68, 130, 137
正統性 …………………………… 73, 74, 76
制度化されたルール …………… 72, 73, 77, 78,
　137, 138
制度化パースペクティブ ……………… 68
制度的企業家 …………………………… 75, 76
制度的信頼 …………………………… 70, 74
制度的同型化 …………………………… 73
制度的リーダーシップ ……………… 152
制度に基づく信頼 ………………… 69, 71
SECI モデル …………………………… 87
善意に基づく信頼 ………… 30, 31, 34, 55
善意の信頼 …………………………… 54

組織間関係 ………… 16, 21, 53, 63-66, 79, 88,
　89, 132, 140
組織間コミュニケーション ………… 86, 90,
　135, 143, 152
組織間信頼の維持要因 ………… 7, 8, 24, 84,
　90, 93, 95, 130, 132, 147, 150
組織間信頼の逆機能 ………………… 42
組織間信頼の形成・維持の基礎的
　メカニズム ………… 6, 38, 46, 48, 52, 84
組織間信頼の形成・維持
　メカニズム ……… 2-4, 7, 8, 20, 57, 130, 144,
　146, 150, 151
組織間信頼の形成要因 ………… 7, 8, 17, 24,
　58, 62, 71, 74, 81, 91, 95, 130, 132, 150
組織間信頼の形態 ………… 6-8, 10, 29, 31, 74,
　84, 85, 93
組織間信頼の研究視点 ………… 6, 8, 10, 18

組織間信頼の捉え方 ……………… 6, 8, 10
組織論 ……… 3, 12, 16, 17, 20, 42, 49, 71, 91,
137

人質 ……………………… 30, 38-42, 47, 48
評判・情報 ……… 67, 84, 86, 136, 139, 144,
146

プロセスに基づく信頼 ……………… 69

た

打算型信頼 ……… 29, 30, 35, 36, 44, 46-48,
74

知識 ……… 35, 84, 85, 130, 136, 139, 143, 145
知識型信頼 ……………… 7, 29, 33, 35, 36, 44,
46-48, 74, 84, 85, 89, 90, 136
知識共有 ……… 87, 104, 136, 140, 145-147
知識創造 ……………………… 87-89
知識に基づく信頼 ……………… 30, 85

特性に基づく信頼 ……………… 53, 54
取引コスト・アプローチ ……… 3, 14, 16, 22

ま

磨き屋シンジケート ……………… 4, 8, 98, 105,
130-142
ミクローマクロリンク ……………… 19, 20

メカニズムの捉え方 ……………… 20

や

約束厳守の信頼 ……………… 30, 31

抑止に基づく信頼 ……………… 30-32
弱い紐帯 ……………… 43

な

人間関係的信頼 ……………… 27
認知に基づく信頼 ……………… 30, 85

ネットワーク組織 ……………… 16
ネットワーク分析 ……………… 16, 22, 102

能力に対する信頼 ……………… 30, 31, 55, 135

ら

リンケージ企業 ……………… 131

連結化 ……………… 87-90, 140

は

「場」の概念 ……………… 105
半構造化インタビュー ……………… 5
反復囚人のジレンマ ……………… 6, 13, 44, 45

173

人名索引

Adam Smith 43
Adams, J.S. 65, 66
Ajzen, I. 80
Aldrich, H. 65
Anderson, J.C. 92
Arrow, K.J. 16
Ashforth, B.E. 93
Astley, W.G. 23
Aulakh, P.S. 79
Axelrod, R. 6, 13-15, 39, 44, 45

Bachmann, R. 18, 36, 54, 69, 71, 78, 79
Banerjee, S. 79
Barber, B. 10, 25
Barnard, C.I. 91, 107
Becattini, G. 104
Berman, S.L. 78, 79
Blomqvist, K. 39
Bouckaert, G. 69
Bourdieu, P. 42
Bradach, J.L. 14-16, 28, 64, 79
Brewer, M.B. 59, 93, 95
Brinsfield, C. 13
Bromiley, P. 14
Brown, R. 80
Bunker, B.B. 30, 31, 33, 34, 44, 46, 52, 85, 93, 94, 142
Burt, R.S. 43

Cannon, J.P. 19, 56
Carnevale, D.G. 27
Chau, P.Y.K. 64
Child, J. 15, 16, 29, 54, 58, 70, 85, 94
Choe, S. 19

Chu, W. 16, 19, 54
Coase, R.H. 14
Coleman, J. 11, 13, 42
Cook, K.S. 63-65, 67, 68
Cummings, L.L. 14
Currall, S.C. 19, 64, 79

Dei Ottai, G. 104
Deutsch, M. 10
Dietz, G. 54
DiMaggio, P.J. 73, 75
Dodgson, M. 66
Doney, P.M. 19, 56
Dovidio, J.F. 95
Drucker, P.F. 121
Duffy, M.K. 56
Dyer, J.H. 16, 19, 54

Eccles, R.G. 14-16, 28, 64, 79
Edelenbos, J. 64
Elster, J. 21
Ertug, G. 54, 59

Ferrier, W.J. 56
Fishbein, M. 80
Fombrun, C.J. 23
Freeman, C. 54
Freud, S. 93

Gaertner, S.L 95
Galaskiewicz, J. 53
Gargiulo, M. 54, 59
Gibson, J.J. 70
Granovetter, M. 43, 44

索引

Greenwood, R. 71, 75
Gulati, R. 17, 18, 20, 28, 35, 54, 63, 64, 67

Hagen, J.M. 19, 39
Hardy, C. 91
Harris, J. 2, 18, 54, 63, 68
Herker, D. 65
Hirsch, P.M. 12
Hogg, M.A. 57
Hoover, E.M. 102
Howorth, C. 63
Huxham, C. 3, 58

Inkpen, A.C. 19, 64, 69, 71, 78, 79, 140

Janowicz-Panjaitan, M. 19, 63
Jarvenpaa, S.L. 56
Jepperson, R.L. 76, 77
Judge, T.A. 64

King, G. 21
Kramer, R.M. 57, 59, 93
Kroeger, F. 68
Krugman, P. 101

Lane, C. 15, 16, 25, 30, 31, 34, 36, 69, 79
Leidner, D.E. 56
Lewicki, R.J. 13, 17, 30, 31, 33, 34, 44, 46, 52, 85, 93, 94, 142
Lewis, J.D. 15, 30, 33
Luhmann, N. 10, 11, 15, 25, 35, 41, 49, 69
Lyon, F. 11

Macaulay, S. 64
Mael, F. 93

Maguire, S. 52, 93-95
March, J.G. 13
Marshall, A. 99-101
Mayer, C.R. 24, 28, 34
McAllister, D.J. 30, 34
McEvily, B. 2, 17, 19, 20, 27, 63
McKnight, D.H. 59
Meyer, J.W. 77
Migheli, M. 54
Milgrom, P. 14, 41, 42
Miller, N. 95
Moghaddam, F.M. 57
Möllering, G. 29, 54, 70, 94

Narus, J.A. 92
Nicholson, C.Y. 56
Nickerson, J.A. 18
Noorderhaven, N.G. 19, 63
Nooteboom, B. 14, 17, 19, 28, 31, 32, 35, 36, 54, 85, 86, 94

Ohlin, B. 102
Oomsels, P. 69
Ouchi, W.G. 55

Parsons, T. 10, 26
Perrone, V. 17, 64, 65
Pfeffer, J. 22, 79
Piore, M.J. 99
Polanyi, M. 88
Poppo, L. 86
Porter, M.E. 100
Powell, W.W. 73
Putnam, R. 11

Qi, C. 64

Ring, P.S. 53, 65

Roberts, J.	14, 41, 42	Van de Ven, A.H.	53, 65
Roth, N.L.	28, 32	Van Meerkerk, I.	64
Rousseau, D.N.	17, 20, 30, 32		
Rowan, B.	77	Weber, A.	100, 101
		Wechsler, B.	28
Sabel, C.F.	99	Weigert, A.	15, 30, 33
Salancik, G.R.	22, 79	Wicks, A.C.	78, 79
Saunders, M.N.K.	54	Williams, P.	64
Saxenian, A.	109	Williamson, O.E.	13
Scanlan, T.J.	65, 66	Woolthuis, R.K.	28, 33

Schilke, O. 63-65, 67, 68

Schoorman, F.D. 17　Yin, R.K. 4

Scott, W.R. 72, 73, 77

Selznick, P. 152　Zaheer, A. 2, 3, 16, 18-20, 54, 63, 64, 68

Seppänen, R. 15

Shapiro, S.P. 17, 30, 31, 33, 34, 52, 53, 85, 93, 94　Zhang, Y. 3, 58

Shatin, D. 53　Zucker, L. 15, 28, 53, 69

Sheppard, B.H. 30, 33, 52, 85, 93, 94

Simmel, G. 10

あ

Simon, H.A. 13, 91, 93, 138　秋山高志 22, 89

Singh, H. 54　荒井一博 16

Sitkin, S.B. 28, 32

Starrett, D. 101　池田謙一 70, 80

Suchman, M.C. 76　石川博康 15

Sydow, J. 70, 92　伊丹敬之 105

Sytch, M. 17, 20, 63, 64, 67　稲垣京輔 99, 104

井上祐輔 71, 77

Tajfel, H. 57, 59

Taylor, D.M. 57　上野敏寛 104

Thompson, J.D. 22, 65　浦野充洋 71, 76

Tortoriello, M. 27

Tsang, E.W.K. 140　王英燕 93

Tuchinsky, M. 30, 33, 52, 85, 93, 94　大月博司 73

Turker, D. 91　岡本卓也 57

Turner, J. 57

Tushman, M.L. 65, 66

176

索　引

か

加護野忠男 ……………… 121, 135
加藤厚海 ……………………… 102
金井一頼 ……………………… 105
河口充勇 ……………………… 100

岸田民樹 ……………………… 104
北寿郎 ………………………… 118

紺野登 ………………………… 87

さ

櫻田貴道 ……………………… 77
酒向真理 …… 3, 28, 30, 31, 34, 54, 55, 134,
135

佐々木利廣 ………………… 65, 66
佐々木正人 …………………… 70
佐藤郁哉 ……………………… 72
佐藤光 ………………………… 88

末松千尋 …………………… 117, 118

盛山和夫 …………………… 12, 13

た

高尾義明 ……………………… 93
高岡美佳 ……………………… 131
高橋勅徳 …………………… 75, 76
竹内弘高 …………………… 87, 88
太郎丸博 ……………………… 13

な

額田春華 ……………………… 104

野中郁次郎 ……………… 87-89, 140
延岡健太郎 ………… 28, 36, 53, 55, 58

は

平池久義 ……………………… 103

藤田誠 ………………………… 88
藤本昌代 ……………………… 100

ま

松嶋登 …………………… 71, 75, 76
真鍋誠司 ………… 2, 28, 36, 53, 55, 58

宮﨑悟 ………………………… 103
宮本琢也 ……………………… 142

向日恒喜 ……………………… 90
宗澤拓郎 ……………………… 107
村山裕三 ……………………… 118

森田果 ………………………… 14

や

山岸俊男 ……… 6, 12, 26, 27, 38, 39, 43, 45,
57, 59, 70
山岸みどり …………………… 45
山倉健嗣 …… 22, 23, 63, 65, 66, 79, 89, 91, 143
山田真茂留 …………………… 72

米山茂美 ………………… 88, 89, 140

わ

若林直樹 ……… 2, 5, 12, 14, 16, 20, 22, 23,
28, 64, 70, 74, 79

177

〈著者紹介〉

川﨑 千晶（かわさき・ちあき）

東京理科大学経営学部助教
博士（商学）（早稲田大学）

早稲田大学商学部卒業，早稲田大学大学院商学研究科修士課程修了・
博士後期課程単位取得退学。
早稲田大学商学学術院助手を経て，現職。

【主要著作】
『大正に学ぶ企業倫理──激動する時代と新たな価値観の芽生え』（共
著，生産性出版，2010年），『経営学ベーシックスプラス』（共著，同文
舘出版，2014年），「組織間信頼の形成プロセス──縁故に基づく信頼
の場合」『日本経営学会誌』第33号（2014年）［平成26年度日本経営学
会賞受賞］など。

2019 年 7 月 20 日　　初版発行　　　　　　　　　略称：組織間信頼

組織間信頼の形成と維持

著　者　ⓒ　川　﨑　千　晶

発行者　　　中　島　治　久

発行所　同　文　舘　出　版　株　式　会　社
東京都千代田区神田神保町 1-41　　〒 101-0051
営業　(03) 3294-1801　　編集　(03) 3294-1803
振替　00100-8-42935　　http://www.dobunkan.co.jp

ⓒ C.KAWASAKI　　　　　　　　　　　DTP：マーリンクレイン
Printed in Japan 2019　　　　　　　　　印刷・製本：萩原印刷

ISBN978-4-495-39025-9

JCOPY〈出版者著作権管理機構 委託出版物〉
本書の無断複製は著作権法上での例外を除き禁じられています。複製され
る場合は，そのつど事前に，出版者著作権管理機構（電話 03-5244-5088，
FAX 03-5244-5089，e-mail: info@jcopy.or.jp）の許諾を得てください。